和谐校园文化建设读本

尊师重道

孙 颖/编写

吉林教育出版社

图书在版编目(CIP)数据

尊师重道 / 孙颖编写. — 长春：吉林教育出版社，
2012.6（2022.10重印）

（和谐校园文化建设读本）

ISBN 978 - 7 - 5383 - 8783 - 4

Ⅰ. ①尊… Ⅱ. ①孙… Ⅲ. ①品德教育－中国－青年
读物②品德教育－中国－少年读物 Ⅳ. ①D432.62

中国版本图书馆 CIP 数据核字（2012）第 115981 号

尊师重道
ZUNSHIZHONGDAO   孙　颖　编写

策划编辑　刘　军　　潘宏竹
责任编辑　尹曾花   装帧设计　王洪义

出版　吉林教育出版社（长春市同志街 1991 号　邮编 130021）
发行　吉林教育出版社
印刷　北京一鑫印务有限责任公司

开本　710 毫米×1000 毫米　1/16　印张　10.5　字数　133 千字
版次　2012 年 6 月第 1 版　印次　2022 年 10 月第 3 次印刷
书号　ISBN 978 - 7 - 5383 - 8783 - 4
定价　39.80 元

编　委　会

总 序

千秋基业，教育为本；源浚流畅，本固枝荣。

什么是校园文化？所谓"文化"是人类所创造的精神财富的总和，如文学、艺术、教育、科学等。而"校园文化"是人类所创造的一切精神财富在校园中的集中体现。"和谐校园文化建设"，贵在和谐，重在建设。

建设和谐的校园文化，就是要改变僵化死板的教学模式，要引导学生走出教室，走进自然，了解社会，感悟人生，逐步读懂人生、自然、社会这三本大书。

深化教育改革，加快教育发展，构建和谐校园文化，"路漫漫其修远兮"，奋斗正未有穷期。和谐校园文化建设的研究课题重大，意义重要，内涵丰富，是教育工作的一个永恒主题。和谐校园文化建设的实施方向正确，重点突出，是教育思想的根本转变和教育运行机制的全面更新。

我们出版的这套《和谐校园文化建设读本》，既有理论上的阐释，又有实践中的总结；既有学科领域的有益探索，又有教学管理方面的经验提炼；既有声情并茂的童年感悟；又有惟妙惟肖的机智幽默；既有古代哲人的至理名言，又有现代大师的谆谆教诲；既有自然科学各个领域的有趣知识；又有社会科学各个方面的启迪与感悟。笔触所及，涵盖了家庭教育、学校教育和社会教育的各个侧面以及教育教学工作的各个环节，全书立意深邃，观念新异，内容翔实，切合实际。

我们深信：广大中小学师生经过不平凡的奋斗历程，必将沐浴着时代的春风，吸吮着改革的甘露，认真地总结过去，正确地审视现在，科学地规划未来，以崭新的姿态向和谐校园文化建设的更高目标迈进。

让和谐校园文化之花灿然怒放！

本书编委会

目 录

孔子拜师

孔子,名丘,字仲尼,春秋末期鲁国陬邑(今山东曲阜东南)人。是中国古代的大教育家、大思想家,儒家学派的创始人。

孔子说:"我非生而知之者。"孔子又说:"三人行必有我师焉。择其善者而从之,其不善者而改之。"

项橐(tuó),是中国古代的神童,年仅七岁就当了孔子的老师。《孔子项橐相问书》叙述的就是孔子拜项橐为师的有趣故事。孔子周游列国,四处讲学,宣扬儒家思想。一天,他正在坐车赶路,发现有三个小孩正在玩,其中一个小孩用沙土堆成了一座城。这个小孩就是项橐。车被挡住了,走不了了。可是这个小孩仍然在玩着,兴致勃勃,就像没有看见一样。孔子下车,微笑着说:"你怎么不知道车来了要让路呢?"项橐这才抬起头来用大人的口气说:"从古至今,只听说车要绕城而过,哪有城要避开车的道理?"孔子听了非常诧异。这小孩如此能言善辩,而且像成年人一样镇定自若。孔子对这个孩子产生了兴趣,决定要考考他,就问道:"你知道什么山上没有石头?什么水中没有鱼?什么门关不上?什么牛没法生牛犊?什么马不能生马驹?什么刀上没有环?什么火没有烟?什么样的男人没有妻子?什么样的女人没有丈夫?什么时候白天短?什么时候白天长?什么树不长枝?什么样的城没有使者?什么人没有孩子?……"孔子一口气提了40多个问题。项橐认真听完,不慌不忙地回答:"土山,井水,空门,泥牛,木马,砍刀,萤火,仙人,仙女,冬天,夏天,枯树,空城,小孩……"这些问题涉及天文地理、自然现象、家庭伦理道德等各个方面,内容广泛,项橐都能对答如流,滴水不漏。孔子佩服,连说六个"善哉"！

　　项橐并不知道自己面对的就是人们所尊敬的孔子，就反问了几个问题，结果孔子一个也答不上来。连叹道："后生可畏也。"孔子又说："我车中有棋，咱们赌一盘吧。"谁知项橐一本正经地拒绝，振振有辞地说："我不赌博，天子好赌，天下就不能太平，天公也不作美；诸侯好赌，就无心思治理国家；官吏好赌，就会耽误处理文案；农民好赌，就会错过耕种庄稼的好时机；做学问的好赌，就会忘了诗书礼仪；小孩子好赌博，该挨揍。赌博是无聊、无用的事，学它做什么？"孔子听了这些话，由赞赏变成了敬佩，于是拜项橐为师。这个 7 岁的孩子从此名声远扬，而孔子以圣人之身，不耻以孩童为师，其举动也被天下人称赞。

　　孔子为了弄懂"礼"，从山东走到河南，拜老聃（dān）为师。老聃为其讲学，临别时，老聃说："富贵的人送人以钱财；有学问的人送人以话语……我送给你几句话吧：聪明深察的人，易遭杀身之祸，因为他好评论人；博学善辩的人，易危害自身，因为他好揭发别人的短处。作为子女，在父辈面前不要总是显示自己；作为臣下，在君主面前不要总为个人利益打算。"这席话，使孔子受益不浅。

以后，孔子又拜鲁国乐官师襄子为师。开始学琴时，一连十几天总是反复弹同一支琴曲。师襄子见他弹得已经十分娴熟了，就对他说："你可以换一支曲子进一步练习。"孔子却回答说："我只学会了乐曲的表面形式，对节奏内容还不了解。"于是又继续练习。又过些天，师襄子倾听琴音，感到孔子已经领会了乐曲的意境，可以学习更复杂一些的乐曲。孔子微微摇头说："我虽然体会了乐曲的意境，但作曲的是个什么样的人，还没体会出来。"又弹了一些时间，孔子轻轻地放下琴，站起来望着窗外若有所思。师襄子问他有什么体会，孔子说："我倾听着琴音，似乎看到了一位个子高高的、目光远大、慈爱安详的长者。这不是周文王又是谁呢？"师襄子称赞道："你说得完全对啊！"就这样，孔子学会了乐，并且十分精通。

这之后，他又拜苌(cháng)弘为师。苌弘是个大音乐家，对音乐有很深的造诣。孔子拜他为师，请教律吕之学。孔子非常虚心地听取苌弘指导，不懂就问，他说："勤学，不耻下问，才能学到本领。"他不仅是这样说的，也是这样做的，最终取得了青出于蓝而胜于蓝的实效。

由于孔子多方面拜能者为师，掌握了多种学问和本领，因而成了一名誉满古今中外的大思想家、大教育家和大学问家。

鲁班学艺

年轻的鲁班告别了家乡，千里迢迢来到终南山学艺。弯弯曲曲的小道有千把条，这样没有吓倒鲁班，他凭着毅力走出了山道。

他到了一个破屋前，断定这就是老师傅的房间。他坐下来耐心地等。太阳下山，老先生醒来，老师傅捋了捋胡子说："普普通通的三间房子，几根大柁？几根二柁？多少根檩子？多少根椽子？"鲁班张口就回答："普普通通的三间房子，四根大柁，四根二柁，大小十五根檩子，二百四十根椽子。五岁的时候我就数过，师傅看对不对？"老师傅轻轻地点了一下头。

老师傅接着问："一件手艺，有的人三个月就能学会，有的人得三年才能学会。学三个月和学三年，有什么不同？"鲁班想了想才回答："学三个月的，手艺扎根在眼里；学三年的，手艺扎根在心里。"老师傅又轻轻地点了一下头。

老师傅接着提出第三个问题："两个徒弟学成了手艺下山去，师傅送给他们每人一把斧子。大徒弟用斧子挣下了一座金山，二徒弟用斧子在人们心里刻下了一个名字。你愿意跟哪个徒弟学？"鲁班马上回答："愿意跟第二个学。"老师傅听了哈哈大笑。

老师傅说："好吧，你都答对了，我就得把你收下。可是向我学艺，就得使用我的家伙。可这家伙，我已经五百年没使唤了，你拿去修理修理吧。"

鲁班把木箱里的家伙拿出来一看,斧子崩了口子,刨子长满了锈,凿子又弯又秃,都该拾掇拾掇了。他挽起袖子就在磨刀石上磨起来。他白天磨,晚上磨,磨得膀子都酸了,磨得两手起了血泡,又高又厚的磨刀石,磨得像一道弯弯的月牙。一直磨了七天七夜,斧子磨快了,刨子磨光了,凿子也磨出刃来了,一件件都闪闪发亮。他一件一件送给老师傅看,老师傅看了不住地点头。

老师傅说:"试试你磨的这把斧子,你去把门前那棵大树砍倒。那棵大树已经长了五百年了。"

鲁班提起斧子走到大树下。这棵大树可真粗,几个人都抱不过来。抬头一望,快要顶到天了。他抡起斧子不停地砍,足足砍了十二个白天十二个黑夜,才把这棵大树砍倒。

鲁班提起斧子进屋去见师傅。老师傅又说:"试试你磨的这把刨子,你先用斧子把这棵大树砍成一根大柁,再用刨子把它刨光;要光得不留一根毛刺儿,圆得像十五的月亮。"

鲁班转过身,拿着斧子和刨子来到门前。他一斧又一斧地砍去了大树的枝,一刨又一刨地刨平了树干上的节疤,足足干了十二个白天十二个黑夜,才把那根大柁刨得又圆又光。

鲁班拿斧子和刨子进屋去见师傅。老师傅又说:"试试你磨的这把凿子,你在大柁上凿两千四百个眼儿:六百个方的,六百个圆的,六百个楞的,六百个扁的。"

鲁班拿起凿子和斧子,来到大柁旁边就凿起来。他凿了一个眼儿又凿一个眼儿,只见一阵阵木屑乱飞。足足凿了十二个白天十二个黑夜,两千四百个眼儿都凿好了:六百个方的,六百个圆的,六百个楞的,六百个扁的。

鲁班带凿子和斧子去见师傅。老师傅笑了,他夸奖鲁班说:"好孩子,我一定把全套手艺都教给你!"说完就把鲁班领到西屋。原来西屋里摆了好多模型,有楼有阁有桥有塔,有桌有椅有箱有柜,各式各样,精致极了,鲁班把眼睛都看花了。老师傅笑着说:"你把这些模型拆下来再安上,每个模型都要拆一遍,安一遍,自己专心学,手艺就学好了。"

老师傅说完就走出去了。鲁班拿起这一件，看看那一件，一件也舍不得放下。他把模型一件件擎在手里，翻过来掉过去地看，每一件都认真拆三遍安三遍。每天饭也顾不得吃，觉也顾不得睡。老师傅早上来看他，他在琢磨；晚上来看他，他还在琢磨。老师傅催他睡觉，他随口答应，可是不放下手里的模型。

　　鲁班苦学了三年，把所有的手艺都学会了。老师傅还要试试他，把模型全部毁掉，让他重新造。他凭记忆，一件一件都造得跟原来的一模一样。老师傅又提出好多新模型让他造。他一边琢磨一边做，结果都按师傅说的式样做出来了。老师傅非常满意。

　　一天，老师傅把鲁班叫到眼前，对他说："徒弟，三年过去了，你的手艺也学成了，今天该下山了。"鲁班说："不行，我的手艺还不精，我要再学三年！"老师傅笑着说："以后你自己边做边学吧。你磨的斧子、刨子、凿子，就送给你了，你带去使吧！"

　　鲁班舍不得离开师傅，可是知道师傅不肯留他了。他哭着说："我给师傅留点什么东西呢？"老师傅又笑了，他说："师傅什么也用不着，只要你不丢师傅的脸，不坏师傅的名声就足够了。"

　　鲁班只好拜别了师傅，含着眼泪下山了。他永远记住师傅的话，用师傅给他的斧子、刨子、凿子，给人们造了许多桥梁、机械、房屋、家具，还教了不少徒弟，留下了许多动人的故事，所以后世的人尊他为木工的祖师。

荀淑拜少年为师

荀况是战国后期的思想家、教育家。他发展了儒家学说，使其开始具有朴素的唯物主义倾向。他十分强调后天的教育，认为只要刻苦用功，"锲而不舍，金石可镂"，后来者可以居上。他把老师和天、地、君、亲并列，并进一步指出："国将兴，必贵师而重傅……国将衰，必贱师而轻傅。"

荀况这种思想，不仅对后世影响很大，对其家庭影响也是非常深刻的。他的后代荀淑，从小受家庭环境的熏陶，非常爱读书，也很有才华。他曾做过郎中大夫，还当过当涂的县令。后来他辞官归故里教书，学识渊博，品行端正。他的学生不计其数，还有从很远的地方来拜他为师的，连当时知名的学者李固、李膺都是他的学生。

有一次，荀淑来到慎阳县，在旅店遇到一个 14 岁的少年，粗布短衫，但气度不凡，两目炯炯有神。一见面，荀淑就非常喜欢这个少年。两人攀谈起来，很是投机。这个少年谈起学问来，滔滔不绝，很有见地，就是当地一流的学者，也望尘莫及。两个人足足谈了一整夜也没谈完。荀淑把多年积存在心里的疑难问题，向少年请教。少年有问必答，讲得头头是道，使荀淑茅塞顿开，豁然开朗，佩服得五体投地。

荀淑请教少年尊姓大名。少年回答说他姓黄，名宪，字叔度。于是荀淑站起来，恭恭敬敬地给黄宪施礼。说道："黄先生在上，受我一拜。"黄宪道："老人家，何必客气，学问就要互相切磋，才能提高啊。我还是一个不知名的小字辈。老人家出身名门，已名扬千里，就免礼吧。"荀淑道：

"尊师重教是先祖的教诲,能者为师,不拘年龄大小,常言道:英雄出少年。你是我 40 多年来遇到的一位最好的老师,解决了我多年的疑虑,理应受拜。"说着上前施了大礼。可见,荀况的尊师重教的遗风在荀淑身上进一步得到了发扬。

魏文侯拜段干木为师

孔子说:"三人行,必有我师。""敏而好学,不耻下问。"我们四周处处都有一些值得一学的人。不考虑彼此社会地位的差异,善于向身边的人学习,是不断完善自我的有效途径之一。

魏文侯当上国君以后,四处寻找人才。他听说有个叫段干木的马匹交易经纪人,很能干,就是不喜欢做官。他想,让贤士埋没在民间,不能发挥作用,多可惜呀! 于是,魏文侯下决心请他出来帮助治理国家。

有一天,魏文侯带着随从驱车奔向段干木的住所。一到巷口,文侯就下了车,为了不惊动贤士,他屏退左右,毕恭毕敬地来到段干木的门前,轻轻地叩动门环,有礼貌地请家人进去禀告一声,说文侯求见。

没想到,段干木一听说文侯要见自己,误认为他也是沽名钓誉的国君,就像听到狼来了一样,三步并作两步,冲到院里,纵身一跃,跳墙逃跑了。

遭到这样的冷遇,魏文侯不仅没有灰心,反而更觉得段干木高尚了。所以每次路过段干木的巷口,总是垂首弯腰,向段干木的住所致敬。

时间长了,段干木的家人感到非常奇怪,于是就问道:"尊敬的国君,段干木不理睬您,您为什么一过巷口还向他的住所致敬呢?"

文侯说:"段干木是一个贤能之士啊!他不追求权势和非分的经济利益,而且拥有卓越的才能。他深明大义,隐居在一个贫穷简陋的小巷里,却声名传千里,我怎么能不敬重他呢?"

段干木听说后,很受感动。魏文侯再来求见,就不回避了。

文侯请段干木出任相国,段干木不肯。文侯看段干木态度很坚决,就登门求教。

段干木坐在一把破椅子上,滔滔不绝地从治国安邦讲到举贤任能的为君之道,最后一直讲到休养生息、爱护百姓的立国之本。从烈日当午,讲到夕阳西下。

魏文侯就像小学生听讲一样,不敢坐下,一直肃立在段干木面前,认真体会其中的道理。他站累了,腿直发麻,怕打断段干木的思路,听不到金石之言,不愿提出暂且回去,下次再来听讲的要求。

就这样,魏文侯拜段干木为师,一次又一次地登门求教,接受了不少有益的东西。

魏文侯因此受到人们的赞扬。

薛谭学歌

从前，有一个人叫薛谭。

薛谭很爱好唱歌，但是他的家乡没有懂得音乐的老师。虽然先天的条件很好，但由于得不到名师指导，再加上缺乏音乐基本功的训练，他不能成为最好的歌手。

于是他决定离开家乡，到外地去寻访名师。

当时，有一位名叫秦青的音乐大师，他不但精通乐理，而且还会弹琴唱歌。薛谭寻访到秦青，要拜他为老师。秦青看到薛谭一路克服了很多困难，千里迢迢来寻师学艺，很受感动，就同意了他的请求，决定收下这个徒弟。

举行完拜师礼以后，薛谭便从基础理论开始，进行系统学习。

开始的时候，薛谭很用功，上课认真听讲，课后及时复习，不懂就问。这样，他学习很扎实，进步很快。不仅学会了乐理，而且也学会了唱歌。秦青很高兴，多次在众人面前表扬他。薛谭虽然还没有完全掌握秦青的艺术技巧，但他自己却认为已经全部掌握了。于是，他就向秦青告辞，要回家去。秦青就说："好吧，咱们相处的这一段时间，有了师生情谊，等到明天为师给你送行。"

第二天，秦青和学生们到郊外十里长亭给薛谭送行。在送别会上，互相敬酒，当喝得兴致正浓时，学生们每人唱一支最优美动听的歌献给薛谭。最后，学生们提议请老师也唱一支。

秦青很愉快地接受了。只见他一边弹琴一边唱了起来。手指在琴弦上敏捷地跳来跳去，有急有缓，有轻有重，歌声凄凉悲壮，有时低沉，有时高亢。歌声飞过森林，森林发出回响，蓝天上的白云也停在那里，久久不愿意飘走。

这支歌深深地打动了薛谭的心，他想："老师弹唱的技艺举世无双，有许多东西我还没有学到呢。"

想到这里，薛谭向秦青鞠躬敬礼，说："先生，我错了，从今以后再也不骄傲了！我不回家了，我还要留下来，继续向先生学习。"

从此以后，薛谭再也不敢说回家了。在秦青的耐心教育下，他终于成为当时最有名的一位歌手。

秦始皇拜荆条

秦始皇是中国古代历史上一个赫赫有名的人物,他经过十多年的征战,先后灭掉了韩、赵、魏、楚、燕、齐六个诸侯国,在他39岁那年完成了统一中国的大业,建立起了一个统一的、多民族的封建国家——秦王朝。他自称"始皇帝",统一了文字、货币和度量衡,下令修筑了万里长城,可谓是"千古一帝"。当然,他也因为下令"焚书坑儒"而饱受后世批评。

在公元前215年的一天,也就是秦始皇统一中国6年后,他正乘坐着车辇,在众多文臣武将的护卫下,一路浩浩荡荡地向东北前进。秦始皇此行的目的是前往传说中的仙岛,寻求长生不老之术。秦始皇坐在车辇上,隔着车窗向外张望着沿途的景色。看到一统的大好河山,他心中充满了喜悦和自豪。过了许久,随着有节奏的马蹄声和车辇的轻轻摇摆,他双目微闭,陷入了对往事的回忆中……一个老人的容貌浮现在他的脑海中,只见那个老人面色红润,银白的胡子飘在胸前,慈祥的面容中透出一丝严厉,仿佛就站在他面前似的,他就是秦始皇幼年在邯郸时的老师。

原来,秦始皇的父亲名叫子楚,是秦昭王的孙子,可是秦昭王并不喜欢子楚。当时,秦昭王正准备进攻魏国和韩国,秦昭王为拉拢赵国,让赵国不帮助魏、韩两国,便与赵国缔结了互不侵犯的盟约。按照当时的习惯,盟约国必须交换王子王孙作为人质,以表信任。于是,秦昭王就把子楚当成人质送到了赵国的都城邯郸。后来,子楚在邯郸娶了妻,生了一个儿子,起名叫嬴政,也就是后来的秦始皇。嬴政的整个童年都是在赵国度过的。正是在客居赵国的这段岁月里,嬴政接受了启蒙教育。

"时间过得真快，一晃几十年过去了！"坐在车辇中的秦始皇不禁又想起了老师第一次给自己授课时的情景：那天清晨，小嬴政匆匆吃过早饭，就一路小跑地来到课堂，他略带紧张地坐在课桌旁，两只小眼睛紧紧地盯着面前的老师。

"今天，我要讲讲虞舜爷为什么要赐给你这个姓。"接着，老师把"嬴"字按照亡、口、月、女、凡拆开，分别讲了它们的意思，最后又把它们合起来，对着小嬴政说："你看，这个字念'嬴'，就是你的姓，虽然笔画多一些，但你一定要会读、会写，明天再上课时我要考你。"

"什么？明天就要背着写下来？老师，这个字太难写了。"望着"嬴"字那么多的笔画，小嬴政有些犯难了。

"怎么，一个'嬴'字就难住你了？"老师把脸色一沉，"将来你长大成人之后，整个秦国都要你去治理，那时候难事多着呢，难道你能退缩吗？"说着，就举起了手中的荆条棍……

小嬴政紧咬着嘴唇，心里默默念叨着老师的话。

"唉！已经有很多年没有见到老师了，恐怕他已经过世了吧。如果他今天还在世，能亲眼看到我取得的一切成就，那该有多好啊！我嬴政能有今天，其中也有老师的一份功劳啊！"秦始皇自言自语地说。

这时，车辇突然停住了，秦始皇正想问个究竟，只见一个侍卫跑过来报告："这里离仙岛已经不远了，车辇行路不便，还是请陛下骑马前行吧！"

"哦"，秦始皇微微点了点头，从车辇上下来，骑上了自己那匹心爱的白马，继续前行。

没过多久，他们便来到了仙岛上。秦始皇骑在马上环视渤海，果然气象万千——只见远处海天一色，浩渺无边；蔚蓝的海面上阵阵海风吹过，让人顿时胸襟开阔、豪气昂然；还有那自由翱翔的海鸥不时掠过，看着它们矫健的身影,秦始皇更加思绪万千……簇拥在秦始皇身旁的文臣武将也被眼前这壮观的景象所震撼,他们虔诚地肃立在一旁。

这时,秦始皇的目光突然停住了,他仿佛在注视着什么。半晌,秦始皇翻身下马,撩起衣服跪拜起来,随从的大臣们见此情景都感到莫名其妙,但他们看到秦始皇跪拜,也呼啦啦地跪了一片,跟着一起参拜起来。等秦始皇站起身来时,丞相李斯才小心翼翼地问道:"陛下为何参拜?"

"你们有所不知,"秦始皇深情地说,"朕刚才低头查看眼前的地形时,看到这个岛上所生长的荆条,正是朕幼年在邯郸时老师所用的那种荆条,朕见到荆条犹如见到当年的恩师,怎么能不跪拜呢?"众人听了他的话,无不点头称是。

这个岛上的荆条形状都很奇特,皆垂首向下,如叩头答谢的样子,人们传说那是被秦始皇尊师敬师的精神所感动。

张良拜师学兵法

张良,字子房,秦末汉初时期杰出的政治家、军事家,是汉高祖刘邦的军师,汉王朝的开国功臣之一,"汉初三杰"(张良、韩信、萧何)之一。他的祖先是韩国人。在秦灭韩后,张良立志为韩国报仇。

公元前 218 年,秦始皇东巡,张良很快得知,秦始皇的巡游车队即将到达阳武县(现在原阳县的东半部),张良指挥大力士埋伏在到阳武县的必经之地——古博浪沙。不多时,远远看到三十六辆车队由西边向博浪沙处行走过来,前面鸣锣开道,紧跟着是马队清场,黑色旌旗仪仗队走在最前面,车队两边,大小官员前呼后拥。见此情景,张良与大力士确定是秦始皇的车队到达。但所有车辇全为四驾,分不清哪一辆是秦始皇的座驾,只看到车

队最中间的那辆车最豪华。于是张良指挥大力士向该车击去。120 斤的大铁锥一下将乘车者击毙倒地。张良趁乱钻入芦苇丛中,逃离现场。

然而,被大力士击中毙命者为副车,秦始皇因多次遇刺,早有预防准备,所有车辇全部四驾,时常换乘座驾,张良自然很难判断哪辆车中是秦始皇。秦始皇幸免于难,下令在全国大肆搜捕凶手,10 天不得,后来不了了之。

张良椎击秦王未遂,被悬榜通缉,不得不埋名隐姓,逃匿于下邳(今江苏睢宁北),静候风声。一天,张良闲步沂水圯桥头,遇见一位穿着粗布短袍的老翁,这个老翁走到张良的身边时,故意把鞋脱落桥下,然后傲慢地差使张良道:"小子,下去给我捡鞋!"张良愕然,但还是强忍心中的

不满,违心地替他捡了。

张良拿着鞋上来。随后,老人又跷起脚来,命张良给他穿上。此时的张良真想挥拳揍他,但因他已久历人间沧桑,饱经漂泊生活的种种磨难,因而强压怒火,跪于膝前,小心翼翼地帮老人穿好鞋。老人非但不谢,反而仰面长笑而去。张良呆视良久,只见那老翁走出里许之地,又返回桥上,对张良赞叹道:"孺子可教矣。"并约张良5日后的凌晨再到桥头相会。张良不知何意,但还是恭敬地跪地应诺。

5天后,鸡鸣时分,张良急匆匆地赶到桥上。谁知老人故意提前来到桥上,此刻已等在桥头,见张良来到,忿忿地斥责道:"与老人约,为何误时?5日后再来!"说罢离去。结果第二次张良再次晚老人一步。第三次,张良索性半夜就到桥上等候。他经受住了考验,其至诚和隐忍精神感动了老者,于是送给他一本书,说:"读此书则可为王者师,10年后天下大乱,你可用此书兴邦立国。13年后再来见我。"说罢,扬长而去。这位老人就是传说中的神秘人物:隐身岩穴的高士黄石公,亦称"圯上老人"。

张良惊喜异常,天亮时分,捧书一看,乃《太公兵法》(此名为讹传,实为《素书》)。从此,张良日夜研习兵书,俯仰天下大事,终于成为一个深明韬略、文武兼备、足智多谋的"智囊"。

秦二世元年(公元前209年)7月,陈胜、吴广在大泽乡揭竿而起,举兵反秦。紧接着,各地反秦武装风起云涌。矢志抗秦的张良也聚集了100多人,扯起了反秦的大旗。后因自感身单势孤,难以立足,只好率众往投景驹(自立为楚假王的农民军领袖),途中正好遇上刘邦率领义军在下邳一带发展势力。两人一见如故,张良多次以《太公兵法》进说刘邦,刘邦多能领悟,并常常采纳张良的谋略。于是,张良果断地改变了投奔景驹的主意,决定跟从刘邦。作为士人,深通韬略固然重要,但施展谋略的前提则是要有善于纳谏的明主。这次不期而遇,张良"转舵"明主,反映了他在纷纭复杂的形势中清醒的头脑和独到的眼光。从此,张良深受刘邦的器重和信赖,他的聪明才智也有机会得以充分的发挥。

汉明帝终生尊师

　　汉明帝刘庄还是太子的时候,就对自己的老师,当时的议郎桓荣非常尊敬,从不摆皇太子的架子。一次,桓荣老师病重在床,不能前来太子宫讲课,年轻的刘庄每天早晚都要派人前去询问病情,并且送去最好吃的东西。桓荣那时已60岁了,刘庄为了照顾他,遇到下雨或者天晚,行走不便,就留老师在太子宫住。9年后,由于桓荣的悉心教导,刘庄成了当时出色的经学家之一。为了表达对老师教诲的感激之情,他亲自给桓荣写了一封信,殷切希望老师注意饮食起居,好好保重身体。

　　刘庄即位当皇帝后,虽然处在唯我独尊的地位,但尊敬老师却一如既往,从不把桓荣当一般臣下看待。当时桓荣已80多岁了,明帝为了照顾他,首先免去了上朝奏事的礼节,让他在家里好好修养。为了能经常见到老师,继续向老师学习,并让桓荣教授更多的人,明帝常常带领百官和儒生到太常府去听桓荣讲解经义。到了桓荣家后,明帝亲自搀扶老师坐起,让他坐在东面,自己仍在原来当学生的位置。老师坐定后,明帝就叫侍从把几案摆在老师面前,明帝亲自手捧经书,带着百官及儒生侍立在老师面前,恭恭敬敬地听桓荣讲课。在学习中,有人向明帝请教,他总是很谦逊地说:“太师在这里,我们好好听太师讲吧!”一到休息时间,明帝又亲自捧着从皇宫带来的点心到老师面前,请老师食用。

　　对桓荣的健康状况,明帝关怀备至。只要一听说桓荣生病,明帝马上就派侍从带着名药和佳肴美味,前去慰问。后来桓荣一病不起,在弥留之际,特意写了奏章,向明帝谢恩,并请求归还他的爵位和封地。明帝看了奏章,知道老师的病情严重,就立即决定亲自前往桓荣家。

这天早晨，明帝下令免去朝仪，他连早饭都顾不上吃，就乘辇到太常府去。当御辇进入桓荣居住的小巷时，明帝怕惊动老师，就下辇步行。只见他忧心忡忡，愁容满面，双手捧着经书，轻手轻脚地走在前面，其余大臣和侍从，也默默地紧跟在后，这支不太长的队伍，缓缓地向前移动着。

这条小巷，不太宽，也不太窄，长却有一里路。两旁高楼庭院，多是官宦人家。他们听说当今皇上亲自来看望桓荣的病情，虽不敢走出门外，但男女老幼都早已聚集在门口、窗前。他们看到这种情景，都默不作声，肃然起敬。

到了桓荣家，明帝放轻了脚步，慢慢来到桓荣的病榻前。看到生命垂危、肤色蜡黄、说话已含糊不清的老师，明帝忍不住流下了眼泪。他还不停地安慰老师要静心养病，争取早日康复。这样劝慰了一会儿，明帝不再说话，只是默默地站着，过了好些时候，才依依不舍地离去。

时隔一天，桓荣病故的消息就传到了皇宫。明帝这时怎么也抑制不住巨大的悲痛了，他当即吩咐内宫为他准备丧服，亲自到太常府去吊唁。到了太常府门前，没等侍从揭开辇帘，明帝已下了辇，急忙走了进去，径直来到了桓荣老师的灵柩前，流着泪行了礼。随后，转身对桓荣老师的亲属抚慰了一番，方才含悲离去……

郑玄千里拜师

郑玄,字康成,北海高密人,东汉末年的经学大师。

郑玄自幼勤奋好学,熟读经史。十二岁时,随母还家,正赶上腊会,有十多人在那里欢聚,他们都穿着华丽的服装,高谈阔论。郑玄对此非常冷淡,离他们很远。其母催促多次,让他参与,他说:"此非我志,不在所愿。"说完就离开人群到别处读书。

后来郑玄在乡里任啬夫之职,主管乡间民事诉讼和收取赋税,每逢休息时他都前往学府,向老师请教各种经学问题。从此他不愿意再担任官吏,立志读书。他父亲非常愤怒,但也改变不了他的志向。郑玄辞职进入太学学习,白天在学校学习,晚间经常读到深夜。

郑玄立志求学,多方拜师,不耻下问,研究义理,力求深透。开始拜京兆第五元先为师,研读《京氏易》《公羊春秋》《三统历》《九章算术》。掌握这些经典内容后,又拜东郡张恭祖为师,学习《周官》《礼记》《左传》《韩诗》《古文尚书》等。郑玄读书非常精细,认真圈点评注,每有所得,就在书上写眉批,蝇头小字密密麻麻,见解独到。他治学严谨,从不妄加揣测和品评,不懂就问,到处寻师,山东有名的学者他几乎问遍了,但他并不满足,还要精益求精。

马融精通经史,学识渊博,名重一时。郑玄千里迢迢西入关中,经卢植介绍拜马融为师。马融有学生四百多人,亲自进入课堂听讲的仅五十余人,多是学识水平较高者。郑玄在马融门下,三年不得相见。马融派学业成就优异的学生去教郑玄,郑玄不因为没有亲自聆听马融教诲而失望,日以继夜发愤读书,孜孜不倦,学识大有长进。有一天,马融召集许多弟子考论图纬,遇到许多问题不能解答,听说郑玄善于计算,在楼上召见郑玄。郑玄才思敏捷，回答准确，计算迅速，马融和他的学生很是惊奇，赞叹不止。郑玄借此机会，把几年来在经学上的疑难问题全部提出来，马融一一加以解答，郑玄顿开茅塞，心里非常高兴。解答完毕，郑玄就和老师马融告别返回山东。马融依依不舍，长叹一声对他的学生说："郑生今去，吾道东矣。"

郑玄在外地学习十多年，目睹了东汉黑暗的社会现实，他厌恶那些不择手段、追名逐利的势利小人，甘愿当一个正直的学者，毅然回乡务农，自食其力。虽家境贫寒，仍办学教书，跟随他学习的有近千人。当时学习的内容是六经。给六经作注释的人很多，各持己见，洋洋几十万言，往往言不及义，阅读起来不得要领，无所遵循。郑玄综合诸家所见，"刊改漏失"，删繁就简，使"学者略知所归"，减少学习难度，深受学生欢迎。

何进、董卓、袁绍多次征召，郑玄拒绝赴任，安贫乐道，一心教书，培育人才，郗虑、王基、崔琰这些名倾一时的汉魏贤臣都出自他的门下。郑玄"隐修经业，杜门不出"，潜心钻研，以"述先圣之元意""整百家之不齐"为己任，著书立说，自成一家。郑玄一生著述甚丰，所注释的书有《周易》《尚书》《毛诗》《仪礼》《礼记》《论语》《孝经》《尚书大传》《中候》《乾象历》等，又著《天文七政论》《鲁礼禘祫义》《六艺论》《毛诗谱》《驳许慎五经异义》《答临孝存周礼难》等，共一百多万字。郑玄在经学界是很有权威的，他兼修今古文，融会古今学说，见解超常，注释详实，"义据通深"。唐初作《五经正义》多采用郑玄注释，足见其影响之深。总之，郑玄为我国文字学、训诂学及史学做出了很大贡献。

华佗埋名求教

华佗,汉代著名医学家。他精通内、外、妇、儿各科,其中对外科尤为擅长。

华佗成了名医以后,来找他看病的人很多。

一天,来了一位年轻人,请华佗给他看病,华佗看了看说:"你得的是头风病,药倒是有,只是没有药引子。"

"得用什么药做药引子呢?"来人问道。

"生人脑子。"病人听后,吓了一跳,上哪去找生人脑子呢? 他失望地回家了。

过了些日子,这个年轻人又找了位老医生,老医生问他:"你找人看过了吗?"

年轻人回答:"我找华佗看过,他说要生人脑子做药引子,我没办法,只好不治了。"

老医生哈哈大笑,说:"用不着找生人脑子,去找十个旧草帽,煎汤喝就行了。记住,一定要找人们戴过多年的草帽才顶事。"

年轻人照办,果然药到病除。

有一天,华佗又碰到这位年轻人,见他生龙活虎一般,不像有病的样子。于是便问:"你的头风病好了吗?"

"是啊,多亏一位老先生给治好了。"

华佗详细地打听了治疗经过,非常敬佩那位老先生。他想向老医生请教,把他的经验学到手。他想,如果老医生知道他是华佗,肯定不会收他为徒。于是,他装扮成一个普通人的模样,跟那位老医生一直学了三年徒。

一天，老师外出了，华佗和师兄弟们在家里拣药。门外来了一位肚子像笋、腿粗如斗的病人。病人听说这儿有名医，便慕名来求治。

老师不在家，徒弟们不敢随便接待，就让病人改日再来。病人苦苦哀求着："求求先生，给我治治吧！我家离这儿很远，来一趟太不容易了。"

这时，华佗见病人病得很重，不能拖延了，便说："我来给你治治吧！"

说着，拿出二两砒霜交给病人说："这是二两砒霜，分两次服用，可不能一次全吃了啊！"

病人接药，连声道谢而去。

病人走后，众师弟埋怨着："砒霜是毒药，吃死了人可怎么办？"

"这人得的是鼓胀病，必须以毒攻毒。"

"治死了人谁担当得起啊？"

华佗笑着说："不会的，出了事我担着。"

那个病人拿药出了村外，正巧遇上了老医生回来，病人便走上前求治。老医生一看，说道："你这病好治，买二两砒霜，分两次吃掉，一次全吃了有危险，快快去吧！"

病人一听，说："二两砒霜，你徒弟已拿给我了，也是叫我分两次吃的。"

老医生接过药一看，果然上面写得清清楚楚，心想："我这个药方除了护国寺老道人和华佗，还有谁知道呢？我还没传给徒弟呀？"

回到家里，问了两个徒弟："刚才大肚子病人的药是谁给开的？"

徒弟们指着华佗说："是师兄。我们说这药有毒，他不听劝告，逞能。"

华佗不慌不忙地说："师傅，这病人得的是鼓胀病，用砒霜以毒攻毒，病人吃了有益无害。"

"这是谁告诉你的?"师傅问道。

"护国寺老道人,我在他那学了几年。"

老医生这才明白过来,他就是华佗。连忙说:"华佗啊! 你怎么跑到我这学徒啊!"

华佗只好如实说出拜师求学的原因。

老医生听过华佗的话,一把抓住他的手说:"你已经是一位声名远扬的医生了,还到我这穷乡僻壤来吃苦,真对不起你呀!"

老医生当即把治疗头风病的单方传给了华佗。

王羲之和水饺师傅

晋代大书法家王羲之被称为"书圣",他的儿子王献之也是一位大书法家,人称"二王"。

王献之自幼跟父亲学书法,7岁时他对父亲说:"我的字再写三年也就行了吧?"王羲之对他说:"你能写完18大缸的水,你的字才能站稳脚跟。"3年后,王羲之见儿子的书艺有了进步,但见他开始自满,心中十分担心。有一次,王献之和同窗举行一场书法观摩会,请王羲之到会评判。会后,这批少年问王羲之:"先生年轻时曾拜何人为师?"

"我最初有两位老师,第一位是卫夫人,你们都知道。第二位老师是做饺子的女师傅。"王羲之说着向众人讲了一段故事。

王羲之17岁时在卫夫人的指点下书艺大有长进,笔锋初露,震惊了方圆百里,许多人赶来请他题字,写对联。王羲之少年得志,有些飘飘然起来。

一天,他经过一家饺子铺,看见门楣上写着"鸭儿饺子铺",门的两边写着:"经此过不去,知味且常来。"王羲之看到这10个大字写得毫无骨力,结构又差劲。心想:是谁写出这种字来献丑?正想转过身去,腹中感到饥饿,又见铺内食客满座,就走了进去。

王羲之见矮墙边有一口大锅,锅内沸水翻滚。只见一只只饺子从墙上飞来,不偏不倚只只都落在大锅的中央,十分准确。他惊呆了。

王羲之坐下后,不久伙计端上一大盘水饺,只见个个水饺玲珑精巧,活像浮在水面的游鸭。再尝尝饺子,鲜美可口,不一会儿他便把一盘水饺吃下肚去。

付账后,王羲之问店主在哪里,伙计指了指矮墙那边。他看见一位白发老太太坐在一块大面板前独自擀饺子皮,包饺子,动作利索娴熟,不一会儿一批饺子就包好了。只见她一边与伙计讲话,一边随手把一只只饺子抛出墙外,连看都不看一眼。

王羲之惊叹不已,欠身问道:"敢问老妈妈,你学了几年才练成了这手功夫?"

"熟则 50 年,深练要一生。"白发老太太回答说。

王羲之听了,心想,自己学写字不过十几年就自满起来,好不应该,不觉脸上一阵发热。

"贵店的饺子果然名不虚传,但门口的对联为什么不请人写得好一点?"

那老太太一听生气地说:"这位相公有所不知,我何尝不想请名人写副对子,只是像王羲之那种人架子太大,学了不到我这功夫的一半时间就眼睛抬上脑门,哪里会瞧得起我这店铺?我看他的那点功夫还比不上我这扔饺子功夫的一半深呢。"说完只顾做饺子,连看也不看王羲之一眼。

王羲之听了这番话,面红耳赤。

第二天,他亲自把给饺子铺写好的一副对联送到白发老太太手中。白发老太收了这副对联,见来人便是王羲之,不好意思地说:"昨天不知王相公到来,言语失敬了,还请王相公原谅!"

王羲之回答说:"师傅给学生讲的一番话,真是胜读十年书啊!您老就是我的师父,请受学生一拜。"

此后,王羲之格外虚心刻苦练习,把水饺老太太讲的话当作座右铭,终于成为一代"书圣"。

范缜以师为父

　　范缜是南朝齐、梁间的思想家,舞阴(今河南泌阳)人,是晋朝安北将军范汪的后代。祖父范璩之曾做中书郎,可以说出身于书香门第。只是父亲去世很早,使家道中落。生活的艰辛,形成了他的叛逆性格,也增加了他克服困难的勇气。

　　范缜刻苦学习,博览群书,不仅学习儒家、道家学说,也学习法家、墨家学说。正因他广泛涉猎群书,加上他的性格,不随波逐流,喜欢独立思考,所以他接受了古代朴素的唯物主义世界观。

　　19岁时,范缜拜刘献为师,成为刘献的得意门生。刘献喜欢他刻苦钻研、打破砂锅问到底的精神。经常对他进行个别教育,解答疑难问题。师生一谈就是一个长夜。

　　范缜20岁了,按当时的习惯举行冠礼。常规做法是:由父亲把他的头发束起来,举行仪式,表示他已长大成人。可是范缜幼年丧父,这冠礼就由老师刘献代替父亲给他束发。同学们也都来祝贺。刘献以师代父,对范缜鼓舞很大。他虚心学习,学业大进,终于写出了继王充之后的唯物论巨著《神灭论》,无情地抨击了王公大夫无人不言佛、道鬼神的迷信浊流,对发展唯物主义思想起了积极作用。

唐太宗设宴谢师

有一天,唐太宗李世民传出一道圣旨,说他将在月池花园设午宴,招待一位贵宾,要文武大臣一律作陪,消息传开,满朝轰动。但是,朝廷内外都不知道当今皇上要请的是一位什么样的贵客。有人曾请宰相魏征去打听,结果唐太宗只是微微一笑,说了一句:"爱卿,不必多问,到时候你就知道了。"

举行宴会的日子终于来到了。阳春三月的月池花园内,数不清的名花异草,争妍斗美。宴会厅里,披红挂绿,喜气洋洋。宴席上面,美酒佳肴,香气扑鼻。

文武大臣早到齐了。可是主宾席上,既不见太宗皇帝的身影,也不见有什么贵人。就在大臣们猜疑不定时,只见唐太宗恭恭敬敬地搀扶一个老人缓步走进了宴会厅。大臣们全都站了起来,把眼光一齐投到那老人身上。这老人鹤发童颜,目光炯炯,看样子年龄已在80开外,但腰杆硬朗,精神矍铄,笑盈盈地向大臣们微微点头。

"众爱卿,这就是我派人从太原请来的贵客,我的启蒙老师——张嗣宗老先生!"太宗高声向众臣介绍说。到了这时,大臣们才忽有所悟,各自稍微松了一口气,然后,才一齐慌忙鞠躬,大声说道:"臣等拜见太师!"

张老先生在太宗的搀扶下,慢慢来到主宾席坐下来,太宗毕恭毕敬地坐在老人身边。一时间,鼓乐齐鸣,歌声悠扬。唐太宗站起来,手拿酒壶,亲自给张老先生满满斟了一杯酒,然后高高举起自己的酒杯,对张老先生说:"祝老师身体健康,长命百岁!"

众大臣忙站起来,高声唱和着:"祝太师身体健康,长命百岁!"

张嗣宗先生激动得两眼闪着泪花,一时说不出话来。他哪里想到几十年后,自己教过的弟子,竟做了皇帝,而且还如此尊敬他,是啊,眼前的情景,他的确做梦也没想到。众大臣看在眼里,一个个也感动不已……

李白求师

李白晚年,政治上很不得志,他怀着愁闷的心情往返于宣城、南陵、歙县(在安徽省)、采石等地,写诗饮酒、漫游名山大川。

一天清晨,李白像往日一样,在歙县城街头的一家酒店买酒,忽听隔壁的柴草行里有人在问话:"老人家,你这么一大把年纪,怎么能挑这么多柴草,你家住哪?"

回答的是一阵爽朗的大笑声。接着,便听见有人在高声吟诗:

负薪朝出卖,沽酒日西归。

借问家何处? 穿云入翠微!

李白听了,不觉一惊。这是谁? 竟随口吟出这样动人的诗句! 他问酒保,酒保告诉他:这是一位叫许宣平的老翁,他恨透了官府,看穿了世俗,隐居深山,但谁也不知道他住在哪座山里。最近,他常到这一带来游历,每天天一亮,就见他挑柴进镇,柴担上挂着花瓢和曲竹杖。卖掉柴就打酒喝,喝醉了就吟诗,一路走一路吟,过路的人还以为他是疯子哩。

李白暗想:这不是和自己一样的"诗狂"吗? 他马上转身出门,只见那老翁上了街头的小桥,虽然步履艰难,但李白无论怎么也赶不上他。

追上小桥,穿过竹林,绕过江汉,李白累得气喘吁吁,腰酸腿痛,定神一看,老翁早已无影无踪了。李白顿足长叹:"莫不是我真的遇上了仙人！"

他撩起袍子又赶了一程，还是不见老翁，只好失望地回来。

那天夜里，李白怎么也睡不着，回想起自己大半辈子除了杜甫之外，还没结识到几个真正的诗友。没想到今天竟遇上这样一个诗仙，可不能错过机会，一定要找到他！

第二天，李白在柴草行门口一直等到日落西山，也不见老翁踪迹。

第三天、第四天，天天落空。

第五天一早，李白背起酒壶，带着干粮上路了。他下了最大的决心，找不到老翁，就是死也要死在这儿的山林里。

翻过座座开满野花的山冈，趟过道道湍急的溪流，拨开丛丛荆棘，整整一个多月，还是没见老翁的影子。李白有点泄气了。正在这时候，他回想起少年时碰到的那位用铁杵磨针的婆婆，婆婆说得好："只要功夫深，铁杵磨成针。"要想找到老翁，就看自己有没有毅力了。想到这里，李白紧紧腰带，咬咬牙，又往前走。累了，趴在岩石上睡一会儿；饿了，摘一把野果充饥；酒瘾上来，就捧着酒壶美美地喝上一口。

这天黄昏，晚霞把天空染得通红通红，清泉与翠竹互为衬托，显得分外秀丽。李白一心惦念着老翁，哪顾得欣赏景色。他拖着疲惫的身子，一瘸一拐地来到黄山附近的紫阳山下。转过山口，只见前面立着一块巨石，上面似乎还刻着字。李白忘记了疲劳，一头扑上去，仔细辨认起来，哦，原来是一首诗：

> 隐居三十载，筑室南山巅。
>
> 静夜玩明月，闲朝饮碧泉。
>
> 樵夫歌垄上，谷鸟戏岩前。
>
> 乐矣不知老，都忘甲子年。

连读三遍，李白失声叫道："妙哉！妙哉！真是仙人之声啊！"心想：见到老翁，一定得拜他三拜，好好请教请教。虽说自己也跟诗打了几十年交道，但这散发着野花香味的诗还真是头回领略哩。

他回转身，看见崖石边的平地上摊着一堆稻谷，看来，准是许宣平老翁晒的。李白索性往边上一蹲，一边欣赏山中的景致，一边等老翁来收谷。

天黑了，李白忽听到山下传来阵阵击水声，循声望去，只见山下的小河对岸划来一只小船，一位须发飘飘的老人立在船头弄桨。李白上前询问道："老人家，请问，许宣平老翁家在何处？"

原来这老人正是李白要找的许宣平老翁，上次他见李白身穿御赐锦袍，以为又是官家派来找他去做官的，所以再也不愿去歙县城了。没料到，此人竟跟踪而来。这时，老人瞟了李白一眼，随手指指船篙，漫不经心地答道："门口一杆竹，便是许翁家！"

李白抬眼望了望郁郁葱葱的山峦，又问："处处皆青竹，何处去找寻？"

老人重新打量着这位风尘仆仆、满脸汗水的客人，反问道："你是……"

"我是李白。"说着，深深地一揖。

老人愣住了："你是李白？李白就是你？"

李白连忙说明了自己的来意。

老人一听，双手一拱："哎呀，你是当今的诗仙！我算什么，不过是诗海里的一滴水罢了。你这大海怎么来向一滴水求教，实在不敢当，不敢当！"说完，撑起船就要往回走。

李白一把拉住老翁的衣袖，苦苦哀求道："老人家，三个月了，我风风雨雨到处找你,好不容易见到了老师,难道就这样打发我回去不成!"

李白真挚的话语打动了老人的心。两人对视了好久,老人猛地拉住李白,跳上了小船。

从此,无论在漫天的朝霞里,还是在落日的余晖中,人们经常看到李白和这位老人,坐在溪水边的大青石上饮酒吟诗。那朗朗的笑声,和飞瀑的喧哗声汇成一片,随溪水一起送到百里、千里之外……

至今,许多游人一到黄山,总爱顺着淙淙的溪水,去追寻李白的游踪。

过虎头岩,在鸣弦泉下,有一块刻着"醉石"二字的巨石,传说,当年李白和老人就在这里欣赏山景,饮酒吟诗。他们经常用旁边的泉水来洗酒杯,所以这泉就叫"洗杯泉"。

白居易向老婆婆请教

在中国浩瀚的成语海洋中,有一个成语叫做"略识之无"。你或许还不知道,在这个成语的背后还有一个有趣的小故事呢。那是在古代,有一个小孩很聪明,据说在他六七个月大的时候,有一天,乳母抱着他来到写着字的屏风前,给他指认屏风上写的"无"和"之"这两个字。虽然那个小孩还没有学会说话,但他已经能认识这两个字了。以后,只要有人问起这两个字,那个小孩都能用手正确地指出来,丝毫不差。人们就用"略识之无"这个故事来夸奖这个聪明的小孩,并将其记载于《新唐书》中,流传于后世。你知道这个聪明的小孩是谁吗?他就是唐朝著名的大诗人白居易。

公元772年,白居易出生于新郑县一个书香门第的家庭,也就是今天的河南新郑。他自幼天资聪慧,三四岁时就能念很多诗。到了9岁时,他已经能掌握诗的韵律,且善于对句了。白居易10岁生日那天,许多亲朋好友都前来祝贺。大家吃完饭后,白居易的舅舅就把他叫到堂上来,要当着大家的面对句。舅舅说了上句:"曹子建七步成诗"。白居易稍一思索,心中便有了答案,但他故意沉默不说。舅舅以为他是对不上来,就开玩笑地说:"神童神童,今日如虫!"白居易却笑着说:"舅舅,其实我早就对上了,只是未说出而已。""什么,你已经对上了?"舅舅和客人们都非常吃惊,急忙催他说出来,只见白居易仰起头,不慌不忙地说道:"白居易一时无对",众人一听,对仗颇为工稳,不由得暗暗称奇。从那以后,白居易的名声就传开了。

虽然白居易的天赋很高,但他在学习方面却丝毫不敢懈怠,每天都努力学习,刻苦读书。在他6岁的时候,正式进入私塾读书。老师告诉他说:"书读百遍,其意自见"。于是,白居易就把每篇文章都反复诵读许多遍,以致嗓子红肿了,嘴里生了疮,他也不肯停下。每天晚上,白居易都要伏案读书到深夜,如果觉得困倦劳累时,就用双肘支撑身体休息一下,久而久之,他的肘部居然生了一层厚厚的老茧。

白居易16岁那年到京城参加科举考试,考试前,他拿着自己的诗集去拜见一位叫顾况的名士。顾况是当时居住在长安的一位有名的诗人,他不仅诗写得好,画技也很高超,而且还擅长鉴赏,因此许多年轻人都到他那里求教。那天,白居易进入顾况的府中,向他呈上自己的诗作。顾况此前压根儿就没听说过白居易的名字,一见眼前站着的又是个乳臭未干的年轻人,心里就很不以为然了。他接过诗集一看,见署名是"白居易",便半开玩笑地说:"年轻人,长安的什么东西都贵,想居住在长安可是不容易哟!"白居易听出顾况的话中有嘲讽之意,但仍然保持着非常礼貌的态度,什么也没说。

顾况随手翻开诗集,首先映入眼帘的是一首《赋得古原草送别》。他便高声吟诵起来:"离离原上草,一岁一枯荣,野火烧不尽,春风吹又生……",刚读完前四句,顾况不禁大声赞叹说:"好诗啊!"这时,他突然想起自己刚才嘲讽白居易的话,顿时觉得有些不好意思,就急忙站起身,拉着白居易的手说:"能写出这样绝妙的句子,不要说是长安,就是整个天下,你也可以'居易'了!我刚才跟你开个玩笑,请千万别见怪呀!"从那以后,白居易便名噪京师。尤其他那首诗中的"野火烧不尽,春风吹又生"更是千古传诵。

自打这次见面后,顾况十分欣赏白居易的诗才,逢人就夸奖说白家的孩子如何如何了不起。就这样,一传十、十传百,白居易很快就在长安出了名,没过几年,他就考取了进士。唐朝宪宗皇帝也听说了他的名气,就提拔他为翰林学士(为皇帝的亲信顾问之官,地位很重要)。后来,又派他担任了左拾遗(类似于现在监察部门的官员)。

随着白居易年龄的增长，他写诗的水平也越来越高超，但他仍然不满足，总觉得自己的诗还不够通俗易懂。为了使自己的诗更加通俗易懂，他每写完一首诗，就先读给那些不识字的老百姓听。

有一次，白居易花费很长时间作了一首诗，然后就来到街市上，读给一位卖水果的老婆婆听。那位老婆婆听完了，也没弄明白这首诗究竟是什么意思，便对白居易说："我是一个大字都不认识的老婆子，没弄懂你写的诗的意思，你还是去向别人请教吧。"这时，正好有人路过，看见白居易在向老婆婆请教，便不解地问："老婆婆根本不认识字，你请教她不是白费力气吗？"白居易笑笑说："我写诗就是给百姓看的，如果连百姓都看不懂，那我写出来的诗又有什么用呢？"白居易离开老婆婆后，把诗拿回去认真地修改，一遍又一遍，一直改到像老婆婆这样的人能听懂为止。就这样，白居易不断锤炼自己的语言，终于写出了大量脍炙人口的名诗佳句。当年，"童子解吟长恨曲，胡儿能唱琵琶篇"，就是白居易的诗歌广受民众喜爱的真实写照。

画圣吴道子拜师

吴道子,唐朝开元盛世时的画圣。

吴道子天性聪明,一向好学,在向师傅学画的一群学生中,他的成绩最为突出,画得很好。师傅看他学有所成,决定让他出去闯荡一番。临别时向他赠言:"不拘成法,另辟蹊径。"

吴道子自认为已经学得很好,了不起了,恃才狂傲。一次,与名画家杨惠之比画,结果比败了。

吴道子没想到还有比他画得更好的人。他衣衫不整,失魂落魄地来到一家酒肆。正巧,当朝的秘书监贺知章和长史张旭正在豪饮。他们醉后挥笔。贺知章提笔写出一幅古拙沉雄,大有飞动之势的狂隶书:"酒中去寻蓬莱境,悠悠荡荡上青云。"而张旭展臂挥写,两行狂草出现在墙壁上。写道:"张颠自有沧海量,满壁龙蛇碗底来。"其字迹真如龙蛇狂舞,气势豪壮。

吴道子看得发呆,仿佛得见天人一般。他奔到贺、张二人面前,扑地跪倒,纳头便拜。贺、张二人见一满脸污垢的人跪在面前,以为是乞丐来乞讨,连忙扔下两把碎银,向门外走去。吴道子慌忙站起,跪到门前,把二位大人拦住,重又跪倒在地,说:"在下姓吴名道子,愿投在二位老先生门下学习书法。"贺、张二人这才明白吴道子的用意,但看他这副怪模样,都不大欣赏地摇了摇头。在他们看来,这个人怎么能学好字呢?贺知章拉着张旭,绕开吴道子又向门外走去。

吴道子一看,他们不肯认他为学生,重又站起,急得大叫:"二位先生慢走!"然后,跑过去连连叩拜不起,只叩得额头青紫,流出血来,嘴里还不住地说道："道子实在是为先生的技法倾倒，望能收下弟子，望能收下弟子。"一时间声泪俱下。

贺、张二人被吴道子的一片挚诚所感动，忙过去把他扶起来。张旭取出自己写的真、行、草三幅字给吴道子，要他先临习两年。说："字外无法，法在字中，勤奋就是诀窍。"

烈日炎炎，蝉鸣不已，吴道子在室内赤臂挥毫，练习楷书。他大汗淋漓，案上积满了已书写过的纸张。

秋去冬来，大雪盖地，吴道子在书写狂草。

一年过去了，吴道子去拜见恩师。张旭见吴道子来，马上问道："你为何临摹刚一载就来找我？"吴道子把一幅自己写的草书呈给张旭，回道："弟子来请恩师指导一下。"张旭将条幅展开一看，很生气，随手掷于地上。吴道子见状，连忙跪在地上说："恩师，弟子知道，技法还远未练成，然而弟子不是为学书法而学书法的。""嗯？"张旭面有愠色。

吴道子说："弟子本来志在丹青，现如今画坛技法俱已陈旧，弟子志在创新，另开蹊径，然而苦于无从下手。也是苍天助我，幸得偶见恩师书法，笔走龙蛇，气势磅礴，猛然悟得若能以书法绘画，便可一改前代画风，于是拜在恩师门下。现有一拙作，望恩师赐教。"说毕，将一幅"兰叶描"金刚力士像呈现在张旭面前。

张旭接画在手，展开观看。吴道子窥视着老师的脸色。但是，张旭却一脸矜持之情，不露声色。观后，张旭将画卷了起来。

吴道子起身道："弟子还要游遍远近山川庙宇，再练山水画技，就此告辞了。"说完，对着张旭拜了三拜，转身离去。

张旭待他走后，才展开画幅重新看了又看，赞叹道："绝顶聪颖绝顶狂，天生道子世无双。"

孙思邈问遍百家

孙思邈是我国隋唐时期杰出的医学家,被后人尊称为"药王"。

孙思邈出生于华原县(今陕西省耀县)一个木工家庭,父亲是个雀目病人(夜盲),母亲患粗脖子病,都是当时无法医治的病症。少年的孙思邈也体弱多病,饱尝了病痛的痛苦。疾病给自己、给自己苦难的家庭造成的痛苦,孙思邈牢牢地记在心底,从小就立志学医,将来行医治病,为人解除痛苦。

12岁时,孙思邈跟父亲到药农张七伯家做药柜,从此孙思邈开始对中药产生了浓厚的兴趣,处处留心,虚心向张七伯请教每一味中药的功能、作用、生长地、药力大小等情况,深受张七伯的喜爱。

15岁时,孙思邈开始拜张七伯为师学医,同张七伯一起上山采药,学习单方,初步懂得了一些药性。后来张七伯看他虚心好学,又天资聪敏,自己的一点医学知识不能满足孙思邈求知的要求,便把自己一直珍藏的《黄帝内经》送给了孙思邈,让他好好研读。并告诉他将来到铜官县找自己的舅舅继续学习深造。

孙思邈得到了《黄帝内经》,真是如获至宝,对七伯千恩万谢。回到家里便如饥似渴地学习,常常手不释卷地苦心钻研,有时会通宵达旦。

但他愈是学习,愈是感到自己的浅薄。后来,他决定去铜官县找张七伯的舅舅求学问。经过许多周折,他终于找到了那位医生,便拜他为师,潜心学医。一年时间里,他不但学到很多医学知识,而且把师父的一部《伤寒论》全部抄了下来。

学有所成后,他又回到村里,一边在邻居亲戚中行医,一边刻苦读书,继续深造。二十岁左右,不仅医道大有进步,而且对诸子百家的学说，南北朝的历史，以及从天竺传来的佛教经典，都做了深入的研究，为他以后在医学领域能够取得巨大的成就，做了深厚的文化准备。他的名声也越来越大，就连京城长安，也有人知道华原县的孙思邈。

一天，孙思邈为远道慕名而来的病人治愈了痼疾，病人感激地赞许他如复生的扁鹊，再世的华佗。孙思邈听了这样的称许，不但没有感到高兴，反而却惆怅起来，深感惭愧地说："我连称职的医生都不够格啊！乡里人的雀目病，粗脖子病，我至今无法医治，怎敢与那两位名医相比呢？唉！惭愧呀……"

那位病人看到孙思邈因不能医治雀目病和粗脖子病而痛心的样子，深为他的这种全心为解除病人的痛苦的医德所感动。便对孙思邈说太白山有一位先生能治粗脖子病，而且给他的表妹治好了。

孙思邈听到这些，便如寻到珍宝一般，惊喜地抓住那个人的双手，急不可待地打听那位太白山先生的姓名和地址。了解明白后，第二天一早他便义无反顾地告别了家人乡亲，只身前往远隔四百里的太白山寻师去了。

太白山是秦岭最高峰，在郿县以南。经过多日的艰苦跋涉，孙思邈才来到太白山，找到了那位病人所说的人——陈元。可遗憾的是，陈元并不是医生，他是根据父亲用昆布和海藻治粗脖子病的方法，每次上山时带一些回来，用完就没有了。

知道了这些情况后，孙思邈感到有些失望。但他并没有灰心，心想："既然陈元的父亲会治粗脖子病，他就可能知道这种病的情况。"

于是，孙思邈便在这里住了下来，一边给山区人治病，一边同陈元上山采药互相学习交流。一天，陈元偶然地说出了他父亲说过的一句话："不知啥原因，雀目病待人不公平——专欺侮穷人，富人根本不害这种病。"

听到这话，孙思邈心里一动："看来，穷人是由于身上缺少某种东西才害雀目病的。如果让穷人吃富人的食品，说不定能治好雀目病。"

在陈元父亲所说的话的启发下，孙思邈整日整夜地研究如何治疗雀目病的问题。一天夜里,孙思邈正在一边苦思冥想,一边查看医书。忽然间,他好似在黑暗中看到闪电一般,眼睛亮起来。因为他在医书上找到"肝开窍于目"这样一句话。他想:"眼睛的病多半与肝有关,那么吃动物的肝是不是可以补益眼睛呢?"后来经过实践,孙思邈找到了医治雀目病的方法——用食物疗法,吃动物的肝来治雀目病,收到很好的效果。

为搞清如何治粗脖子病的问题,孙思邈在一次偶然的机会里,找到吃麋靥治粗脖子病的方法,吃羊靥也有效。

孙思邈用食物疗法,为很多雀目病和粗脖子病人治好了病。这些人对孙思邈总是千恩万谢,称赞他的医术高明。但孙思邈却总是念念不忘地说:"这都是陈元父亲的启发才使我搞明白治病方法的。"足可见他对"一言师"都是十分难忘的。

唐太宗贞观三年,孙思邈被聘进京。到长安后,他依然坚持勤学好问的习惯。他听说长安有甄枚和甄立言两位高医,就想登门求教。但这两位医生年事已高,正忙于著书,不肯接见人。孙思邈却不顾这些,千方百计地找到了他们,诚恳地向他们求教。两位名医深为孙思邈的好学精神所感动。不但同他一起探讨了许多医学上的问题,而且把自己的著作《针方》《明堂人形图》《古今验方录》等送给孙思邈,供他学习参考。

贞观十四年,60岁的孙思邈重返家乡,把自己一生搜集的医方,医药标本整理撰写了《备急千金方》和《千金翼方》,这两本书是他一生对药物研究,走遍家乡和汉中、四川一带,遍访名师、求教群众、研究古代经典而获得的硕果,集当时和前代医学之大成,在中国医学史上占有重要地位。

颜真卿辞官拜师

我们都知道,张旭和颜真卿是历史上有名的大书法家,前者以草书见长,后者终创颜体,殊不知他们之间还有一段师徒渊源,真是令人敬佩! 俗话说得好:名师手下出高徒。正是张旭的治学严谨、崇尚自然的风骨,才使得颜真卿从他的话语中茅塞顿开,领悟到做学问和练习书法的真谛,终成一代大师。

勤奋的颜真卿在 26 岁那年参加了科举考试,且中了进士。两年以后,他在朝廷里做了校书郎。后来朝廷又让他到陕西去当县令。县衙里公事很多,颜真卿还是忙里偷闲坚持练字,家中还收藏了很多书法大师张旭的字。虽然大家都夸赞他的字写的很有功夫,他却说"山外有山,天外有天,我现在写得还差得很。"

不久,他辞去了官职,准备拿着自己写好的一些作品,赶到洛阳去拜大书法家张旭为师。颜真卿翻山越岭来到洛阳,见到张旭,他说明了来意,张旭仔细地看着颜真卿写的字,说:"小伙子,写得不错,你若坚持练下去将来肯定不得了! 而今国家正是用人的时候,你又是国家未来的栋梁,哪能在写字上花那么多功夫呢?"听了张旭的这番话,颜真卿觉得有道理,男儿志在四方,又见张旭执意不肯收自己做学生,只好告辞回长安去了。颜真卿回家以后又在朝廷里做了官,但时刻没有忘记练习书法,字内功夫和字外功夫一起抓,每天办完公事一回到家便读书写字。

一段时日后,颜真卿心里琢磨,要想使自己少走弯路,还得找名师指点。过了不久,他又一次辞去官职,到洛阳找张旭。张旭见颜真卿第二次辞官学书法,被他的一片诚心感动,就高兴地收下了这个徒弟。

张旭是唐代首屈一指的大书法家,各种字体都会写,尤其擅长草书。

颜真卿为自己能在这样的名家指导下学习,感到非常高兴和自豪,并殷切地希望老师把全部本领都传授给他,但是,颜真卿拜师数月,他寄予莫大希望的这位名师,却很少给他讲什么,只是常将自己书写的字和前代名家的字迹给他,要他倍加工学,反复揣摩。有时候,他带着颜真卿去爬山、去游水、去赶集、去看戏,回家后又让颜真卿练字,或看他挥毫疾书。转眼几个月过去了,颜真卿得不到老师的书法秘诀,心里很着急,他决定直接向老师提出要求。

一天,颜真卿壮着胆子,红着脸说:"学生有一事相求,请老师传授书法秘诀。"张旭回答说:"学习书法,一要'工学',即勤学苦练;二要'领悟',即从自然万象中接受启发。这些我不是多次告诉过你了吗?"颜真卿听了,以为老师不愿传授秘诀,又向前一步,施礼恳求道:"老师说的'工学''领悟',这些道理我都知道了,我现在最需要的是老师行笔落墨的绝技秘方,请老师指教。"张旭还是耐着性子开导颜真卿:"我是见公主与担夫争路而察笔法之意,见公孙大娘舞剑而得落笔神韵,除了苦练就是观察自然,别的没什么诀窍。"接着他给颜真卿讲了晋代书圣王羲之教儿子王献之练字的故事,最后严肃地说:"学习书法要说有什么'秘诀'的话,那就是勤学苦练。要记住,不下苦功的人,不会有任何成就。"

老师的教诲,使颜真卿大受启发,他真正明白了为学之道。从此,他扎扎实实勤学苦练,潜心钻研,从生活中领悟运笔神韵,进步很快,最终成为一位大书法家。

宋濂一片诚心感动梦吉

宋濂,字景濂,金华潜溪人,是元末明初的著名学者。他数十年如一日地刻苦学习,在学术上做出了卓越贡献,不仅主修了元史,还写了大量优美的散文,并著有《宋学士文集》。

宋濂在年轻的时候就以博才巧辩、料事如神而著称。当时的统治者是大元王朝的最后一位皇帝——元顺帝。元朝末年,政治黑暗,统治阶级内部政局动荡,全国上下许多地方相继爆发了农民起义。元顺帝为了巩固其摇摇欲坠的宝座,一方面加紧镇压各路农民起义军,一方面又在全国范围内宣扬安定景象,极力粉饰太平。

有一天,元顺帝得到奏报,说浙江金华府浦江县郑义门郑家"鸦鹊同巢,猫狗同窝,兄弟同心"。元顺帝认为这是生活和谐的典范,便派钦差大臣日夜兼程,前去查看。当钦差大臣来到郑家所在村子的村口时,就看到一棵千年樟树上有一个巨大的鸟巢,许多乌鸦和喜鹊共同生活在其中;紧接着,钦差大臣又在地方官员的陪同下来到了郑家,看到郑家的猫和狗住在同一个窝里,一同吃食、睡眠;钦差大臣又了解到郑家兄弟和睦相处,共同劳动,共同分配家庭收入的和谐情形。

回到京城后,钦差大臣将所见所闻如实地向元顺帝做了汇报。顺帝非常高兴,决定将郑家的事迹树为榜样,并赐给郑家一件国宝——"紫鸦杯",然后又亲笔为郑家题写了"天下第一家"五个大字。

郑氏一家收到了紫鸦杯和皇帝御笔亲提的字幅后,认为这是家族的无上荣耀,便急忙聘请能工巧匠,要将皇帝的题字拓在一幅匾额上,悬挂在大门之上。正当工匠们干得热火朝天的时候,郑家的邻居宋濂走了过来。他对郑氏兄弟说:"快住手吧,你们家恐怕要大祸临头了!"

郑氏兄弟不解其意，连忙问宋濂这到底是为何。宋濂说："历代帝王从来都以天下老子第一自居，难道还不是天下第一家吗？可皇帝却为你郑家题写了'天下第一家'这五个大字，想必是皇帝一时犯了糊涂，脑筋没转过来。如果皇帝反应过味儿来之后，他必定会后悔，可皇帝绝不会承认自己写错，他一定要派人秘密处置知情人，防止将这事儿张扬出去遭世人耻笑。所以，我说你们家很快就要大祸临头了！"

听宋濂这么一说，郑氏一家顿时慌了神儿，全家老小跪在地上求宋濂想想办法，帮他们免去这场血光之灾。

宋濂说："现在你们是逃也逃不掉了，恐怕只能用'以江换天'的法子化险为夷。"

于是，郑家按照宋濂的计策，把"天下第一家"中的"天下"两个字抹掉，换上"江南"两个字，便成了"江南第一家"。然后将这块匾额挂在了大门上。

果然不出宋濂所料，郑家的匾额刚挂上没多久，就来了一队兵马将郑宅团团围住。原来，他们正是元顺帝派来欲杀郑氏一家灭口的。可那个带队的将军走到大门口一看，发现匾额上写的并不是"天下第一家"，而是"江南第一家"，他不敢滥杀无辜，便带领军队撤走了。

将军回到京城向元顺帝进行了禀报。元顺帝听完之后哈哈大笑，对着左右大臣说："我本来写的就是'江南第一家'嘛，朕是与爱卿说着玩的。"随即此事也就这样了结了。宋濂正是凭借着料事如神，才使郑家免去了一场灭门之祸。

那么，宋濂为何思维如此敏捷呢？这和他少年时代刻苦学习是分不开的。

原来，宋濂从小就是一个聪敏好学的孩子，非常酷爱读书。可是他家境非常贫寒，总是吃了上顿没有下顿，根本就没有钱买书。

为了读书，他不得不到附近那些富贵的家庭去借书。为此，还没少挨对方的白眼。有一次，小宋濂得知几十里外有一位财主家有很多藏书，他便起了个大早，跑到财主家去借书。当他来到财主家时，看到财主的书房里到处是书籍，书架上、案头上、甚至地上都摞着许多书籍。有些书籍用布条捆扎起来，高高地放在架子上，上面满是灰尘和蛛丝。这些书籍都是小宋濂梦寐以求的啊，于是他便开口向财主借书。却不料那财主上下打量着衣衫破烂的宋濂，阴阳怪气地说："有些人天生就是种田、砍柴、放牧牛羊的命，还想读书？简直是痴人说梦！"小宋濂一听，好似一盆冷水浇头，一颗炽热的心顿时凉了半截。

不过，还是有很多好心的读书人愿意借书给小宋濂阅读。有一次，小宋濂又来到一家藏书很多的人家，他恭恭敬敬地对那家主人说："先生，我想求您借给我一本书读。我保证不弄脏，也不弄坏，十天以后我一定还给您。"

这位读书人见小宋濂的态度十分恳切，也非常感动，当即便答应借给他两本书，并约定一个月以后还。小宋濂拿到书以后，简直是如获至宝，他多希望能永久地拥有这两本书啊！可是自己已经答应主人，一个月之后必须归还。怎么办呢？他想："对了，我把书中的内容一字不落地抄下来不就行了吗？"想到这里，小宋濂便一溜烟儿地跑回家，找来纸和笔，然后坐在桌子前开始一字一句、工工整整地抄书。就这样，他辛辛苦苦地抄了一个月，终于将两本厚厚的书全部抄完。在约定期限的最后那天，他来到书主人的家中，恭恭敬敬地将书奉还。

从此以后，小宋濂每当借到书，便把它抄下来。为了自己能够经常有书读，他不分昼夜地抄写。夏天来了，太阳好似火球一般当空炙烤，富贵人家的孩子们都在摇扇纳凉,而小宋濂却挥汗如雨地抄写;冬天到了,屋外寒风凛冽、雪花纷飞,有钱人家的孩子都在炉火前取暖,而小宋濂仍在他那简陋不堪的小屋子里苦苦地抄写。由于天气太寒冷了,连砚台中的墨都冻成了冰,小宋濂便冲着砚台哈气,用体温融化坚冰,以便继续抄写。有时候,小宋濂的手脚被冻僵了,不能弯曲伸展,他便站起来跺跺脚、搓搓手,很快又坐下来继续抄写。

小宋濂的母亲见儿子如此熬夜抄书实在是心疼,有时便劝他说:"孩子,别这么着急抄了,晚几天再还也没问题,人家又不是等着这书看。"小宋濂却说:"不管人家等不等这本书看,到了期限就要还,这是个信用问题。如果一个人说话做事不讲信用,失信于人,又怎么可能得到别人的尊重呢?"望着儿子一脸诚挚的样子,母亲笑着点点头。

由于小宋濂非常讲信用,每次都按时还书,所以时间久了,人们都肯把书借给他读,他也因而得以看到许多书籍。

待宋濂长大一些后,他更加仰慕圣贤的学说,特别渴望向学识渊博的人请教。尽管他家住在偏远的乡村,但他不辞辛苦,仍然跑到百里之外,手里拿着经书向当地有道德、有学问的前辈求教。有一次,他来到一位前辈家,这是一位名望大、学识广,待学生又极为严厉的人。周围十里八乡前来求教的人挤满了他的房间。宋濂就站着陪侍在这位前辈的左右,提出疑难,询问道理,低身侧耳向他请教。有时候,这位前辈发脾气训斥宋濂,宋濂不但丝毫不生气,反而表现得更为谦恭有礼,不敢答复一句话,等到这位前辈高兴时,就又向他请教。那位前辈看到宋濂的谦恭谨慎和虚心好学精神,尤其是得知宋濂是从百里之外赶来求教的,非常受感动,他就把自己很多学习心得都传授给了宋濂。

宋濂为了求师深造,经常是踩着几尺厚的积雪,背着书箱,艰难地行走在深山大谷之中。有时手脚皮肤冻裂了,四肢冻僵了,也全然不知。在旅店里住宿时,他一天只吃两顿饭,更谈不上什么鱼肉美味的享受。与同店中的那些身穿华丽衣装,头戴红缨玉饰帽,腰围白玉带,左边佩戴宝刀,右边挂着香囊的花花公子相比,他穿的破旧衣袍实在是寒酸,但他处于这些人之间,却毫无羡慕的念头。

有一次,宋濂在读一本书的时候遇到了一个问题,他冥思苦想了好久也找不到答案。这时,他听说数十里外有一位名叫梦吉的老先生,对那本书研究得非常透彻,于是他就收拾好行囊,准备前去求教。当时正值隆冬时节,天降大雪,周围的朋友纷纷劝阻他不要贸然前往,一是天气实在太恶劣了,冰天雪地,路滑难行;二是据说那位梦吉老先生整日闭门谢客,宋濂此行恐怕要空跑一趟。

但是宋濂不信邪,他为了早日解惑释疑,坚持要去。一大早,他就顶着风雪出发了,整整走了一天,才来到梦吉的家,可是梦吉老先生家大门紧闭,根本不见客,宋濂在外面等了好几个时辰,最后只得原路返回。他并不气馁,几天后再次拜访梦吉,但这次同样吃了闭门羹,这回他不但没有见到梦吉老先生,反而连自己的脚趾都被冻伤了。又过了几日,宋濂决定第三次拜访梦吉。这一天,又下起了鹅毛大雪,他背着行囊一路艰难地行走。大片大片的雪花阻挡了他的视线,一不留神,他滑入到路边一个深深的雪坑中,还扭伤了脚,怎么也爬不出来了,幸而有几位过路人发现他躺在雪坑里,便七手八脚地将他拽了上来。其中有位好心人提出要送他回家,可他坚持要继续前行。傍晚时分,当宋濂一瘸一拐地来到梦吉家门口时,他几乎要瘫倒了。梦吉老先生被他的诚心所感动,急忙将他请进屋里,并耐心地解答了宋濂的问题。

后来,宋濂为了求得更多的学问,不畏艰辛困苦,又先后拜访了很多老师,终于成为学贯古今的大学问家,甚至连明太祖朱元璋都赞誉他为"开国文臣之首"。

"三袁"宴请老师

　　明朝时,湖北有一户姓袁的人家。袁家有兄弟三人,三兄弟非常友爱,而且他们从个个聪明机敏。但他们从不自恃聪明,从小便勤奋好学,对人更是彬彬有礼,深受乡里喜爱。教书先生们都觉得袁家三兄弟是品学兼优的可造之才,于是,不遗余力地将自己所学传授给他们。后来,兄弟三人都成了中国杰出的大学问家。他们就是袁宗道、袁宏道、袁中道。因为他们都是湖北公安人,史称"公安三袁"。

　　得到老师们的厚爱,兄弟三人变得更加刻苦,对老师越发感激、敬重,生怕辜负了老师们的苦心。老师们瞧在眼里,乐在心里。

　　一转眼十多年过去了,兄弟三人都长成了大人,各自学有所成。先生们觉得再没什么可教他们了。这一天,先生们把三兄弟叫到面前,点着头逐个看了一番,有点恋恋不舍地说:"是时候了,凭你们现在的学识,考进士应该不是太难的事。老师虽然舍不得你们,但不能耽误了你们的前程。你们去吧。"袁家三兄弟苦读十多年,盼的就是这一天,然而这时,三兄弟不由得想起那些和老师朝夕相处的日子。三兄弟心里酸酸的,恋恋不舍,一拜再拜,很久才缓缓地离去。

很快喜讯就传回乡里，这一年，袁家三兄弟都考取了进士。袁家一收到消息，上上下下都沸腾了，决定设盛宴庆贺。一切就绪，只等三兄弟回来，但左等右等总不见人，终于，兄弟们都回来了，连老师们也来了。原来，三兄弟约好直接赶到老师们家中，接老师们回来庆贺。酒席上，三兄弟对老师们一拜再拜，老师们满面红光，高兴得合不拢嘴，拉着三兄弟连说："孺子可教，孺子可教啊……"

但此时，有一位先生正在家生闷气呢，他叫刘福锦，是老三的启蒙老师，由于时间太久，所以袁家对他印象不深，这次宴请，竟将他忘掉了。刘福锦见袁家请客没有请他，心中很不是滋味，加上有人借机挖苦他，他实在忍不住，便在一张白纸上写了"高塔入云有一层"这句话，意思是提醒老三，有了今天的成绩可别忘记了老师。老三打开一看，恍然大悟，连说："失礼了，失礼了。"又急忙去找两位哥哥商量。兄弟三人商定再专门请刘福锦先生一次，并重邀所有的师长、长辈作陪。

在送给刘福锦先生的请贴上，老三就刘老师的原话作了一首诗："高塔入云有一层，孔明不能自通神。一日为师终生父，谨请先生谅晚生。"委婉地表达了自己的歉意。酒宴那天清早，老三特意抬着轿子，去刘福锦先生家接他，刘先生假装还生气，不肯上轿。老大和老二在家得知此事，连忙步行赶到刘家。兄弟三人一起恭恭敬敬地邀请。这一来刘福锦先生大为感动，忙扶起拜倒在地的三兄弟，上轿前去赴宴。酒席间，师生们共叙往事，开怀畅饮，非常高兴。

史可法狱中探师

　　明神宗后期,有个官员名叫顾宪成,因为正直敢谏,得罪了明神宗,被撤了职。他回到无锡老家后,约了几个志同道合的朋友在东门外东林书院讲学。附近一些读书人听说顾宪成学问好,都赶到无锡来听他讲学,把一所本来就不大的东林书院挤得满满的。

　　顾宪成痛恨朝廷黑暗,在讲学的时候,免不了议论起朝政,还批评一些当政的大臣。听过讲学的人都说顾宪成议论得对,京城里也有大臣支持他。东林书院名声越来越大。一些被批评的官僚权贵却对顾宪成恨得要命,把支持东林书院的人称作"东林党人"。

　　明熹宗刚即位的时候,一些支持东林党的大臣掌了权,其中最有名望的要数杨涟和左光斗。有一次,朝廷派左光斗到京城附近视察,还负责那里的科举考试。一天,北风刮得很紧,天上飘起了大雪。左光斗在官署里喝了几盅酒,忽然起了游兴。他带着几个随从,骑着马到郊外去踏雪。他们走着走着,见到一座古寺,环境十分幽静,左光斗决定到里面去休息一下。他们下了马,推开虚掩的寺门,进了古寺,只见左边走廊边的小房间里,有个书生伏在桌上打瞌睡,桌上还放着几卷文稿。左光斗走近前去,拿起桌上的文稿细细看了起来。那文稿不但字迹清秀,而且文辞精彩,左光斗看了不禁暗暗赞赏。他放下文稿,正想转身回去,忽然想到,外面正下大雪,天气严寒,那书生穿得那样单薄,睡着了岂不要受凉,就毫不犹豫地把自己身上披的那件貂皮披风解下来,轻轻地盖在书生身上。左光斗退出门外,把门掩上,他打发随从到寺里和尚那里去打听,知道那书生名叫史可法,是新到京城来应考的。左光斗把这个名字暗暗记住。

到了考试那天，左光斗进了厅堂。堂上的小吏高喊着考生的名字。当小吏喊到史可法的名字时，左光斗注意看那个送试卷上来的考生，果然是那天在寺里见到的书生。左光斗接过试卷，当场把史可法评为第一名。考试以后，左光斗在他的官府接见史可法，勉励了一番，又把他带到后堂，见过左夫人。他当着左夫人的面夸奖说："我家几个孩子都没有才能。将来继承我的事业，全靠这个小伙子了。"

从那以后，左光斗和史可法建立了亲密的师生关系。史可法家里贫穷，左光斗让他住进官府，亲自指点他读书。有时候，左光斗处理公事到深更半夜，还跑到史可法的房间里，两人兴高采烈地讨论起学问来，简直不想睡觉。左光斗和杨涟一心一意想整顿朝政，但是明熹宗是个昏庸透顶的皇帝。他宠信一个很坏的宦官魏忠贤，让魏忠贤掌握特务机构东厂。魏忠贤凭借手中的特权，结党营私，卖官受贿，干尽了坏事。

杨涟对魏忠贤的胡作非为气愤不过，大胆上了一份奏章，揭发魏忠贤二十四条罪状。左光斗也大力支持他。

这一来可捅了娄子。1625年，魏忠贤攻击杨涟、左光斗是"东林党"，罗织罪状，把他们打进大牢，严刑逼供。

左光斗被捕以后，史可法急得不知怎么办才好。他每天从早到晚在牢门外转来转去，想找机会探望老师。可魏忠贤把左光斗看管得很严密，不让人探望。左光斗在牢里，任凭怎样拷打，始终不肯屈服。史可法听说左光斗被折磨得快要死了，不顾自己的危险，拿了五十两银子去向狱卒苦苦哀求，只求见老师最后一面。

狱卒终于被史可法的诚意感动了，想办法给史可法一个探监的机会。当天晚上，史可法换上一件破烂的短衣，扮着捡粪人的样子，穿着草鞋，背着竹筐，手拿长铲，由狱卒带领着进了牢监。

史可法找到左光斗的牢房，只见左光斗坐在角落里，遍体鳞伤，脸已经被烧得认不清，左腿腐烂得露出骨头来。史可法见了，一阵心酸，走近前去，跪了下来，抱住左光斗的腿，不断地抽泣。

左光斗满脸是伤，睁不开眼，但是他从哭泣声里听出是史可法来了。他举起手，用尽力气拨开眼皮，愤怒的眼光像要喷出火来。他骂着说："蠢材！这是什么地方，你还来干什么！国家的事糟到这步田地。我已经完了，你还不顾死活地跑进来，万一被他们发现，将来的事靠谁干?"

史可法还是抽泣着没完。左光斗狠狠地说："再不走，我现在就干脆收拾了你，省得奸人动手。"说着，他真的摸起身边的镣铐，做出要砸过来的样子。

史可法不敢再说话，只好忍住悲痛，从牢里退了出来。

过了几天，左光斗和杨涟等最终被魏忠贤杀害。史可法又花了一笔钱买通狱卒，把左光斗的尸体好好埋葬了。他想起牢里的情景，总是情不自禁落下眼泪，说："我老师的心肠，真是铁石铸成的啊！"

程门立雪

  宋朝的时候,有一位有学问的人,名叫杨时,他对老师十分尊重,一向虚心好学。"程门立雪"便是他尊敬老师、刻苦求学的一个小故事。

  杨时在青少年时代,就非常用功。后来中了进士,他不愿做官,继续访师求教,钻研学问。当时程颢、程颐兄弟俩是全国有名的学问家。杨时先是拜程颢为老师,学到了不少知识。4年后,程颢逝世了。为了继续学习,他又拜程颐为老师。这时候,杨时已经40岁了,但对老师还是那么谦虚、恭敬。

  有一天,天空浓云密布,眼看一场大雪就要到来。午饭后,杨时为了找老师请教一个问题,约了同学游酢一起去程颐家里。守门的说,程颐正在睡午觉,他们不愿打扰老师的午睡,便一声不响地立在门外等着。天上飘起了鹅毛大雪,越下越大。他们站在门外;雪花在头上飘舞,凛冽的寒气,冻得他们浑身发抖,他们仍旧站在门外等着。

  过了好长时间,程颐醒过来,才知道杨时和游酢在门外雪地里已经等了好久,便赶快叫他们进来。

  这时候,门外的雪,已经积得有一尺多深了。

  杨时这种尊敬老师的优良品德,一直受到人们的称赞。正由于他能够尊敬师长,虚心向老师求教,学业才进步很快,后来终于成为一位全国知名的学者。四面八方来向他求教的人,都不远千里来拜他为老师,大家尊称他为"龟山先生"。

文盲皇帝尊师重教

　　五胡十六国时期的后赵开国皇帝石勒，出身于贫困的羯人家庭，年少时曾沦为奴隶。西晋惠帝时发生的"八王之乱"，给北方地区的百姓带来深重灾难，大片田园荒芜，饿殍遍野，民不聊生。石勒率众揭竿而起，经过多年征战，军事实力不断扩张，最终，建立了后赵。

　　石勒能从一个社会底层的卑贱奴隶，成为起义军领袖，最后登上皇帝宝座，其中最重要的原因之一就是他尊重人才和知识。因为家境贫寒，石勒没有读过一天书，是个目不识丁的人。石勒虽不识字，却经常让人读书给他听。为了发展自己的势力，石勒特意收留一批汉族知识分子，组成"君子营"，充当自己的顾问团。其中最为石勒敬重的就是张宾。《资治通鉴》记载：石勒以张宾为师。时"张宾任遇优显，群臣莫及……勒甚重之，每朝，常为之正容貌，简辞令，呼曰右侯而不敢名"。张宾为石勒运筹帷幄，"机不虚发，算无遗策"，在帮助石勒建立后赵政权后，治国方略也主要是由张宾制定的。所以，《晋书·张宾载记》说：张宾去世下葬时，石勒亲自送于正阳门，痛哭着对左右说："天欲不成吾事耶？何夺吾右侯之早也！"后来，石勒以程遐为右长史，每当程遐所出计策不合时宜时，石勒就会感叹道："右侯舍我去，令我与此辈共事，岂非酷乎！"

　　当了皇帝的石勒，从自己的亲身经历中，深切感到教育和知识的重要。他听从张宾的意见，建国伊始，即大兴文化教育事业。《晋书·石勒载记》云："勒增置宣文、宣教、崇儒、崇训十余小学于襄国（后赵国都，今河北邢台）四门，简将佐豪右子弟百余人以教之……勒亲临大、小学，考诸学生经义，尤高者赏帛有差。"后赵立国八年，石勒以"牙门将王波为记室参军,典定九流,始立秀才、孝廉试经之制"。石勒晚年时,又"命郡国立学官,每郡置博士祭酒二人,弟子百五十人,三考修成,显升台府"。即:每个郡都要设立学官,负责当地的教育工作。每所地方学校,招收一百五十名学生。学生要经过三次考试才能毕业,作为国家的后备干部来培养。可见,完备的科举制度虽然迟至隋代才出现,但石勒无疑是推行这一封建考试制度的先驱者。

石勒驾崩之后,其子石弘即位,但很快就被石勒的侄子石虎废杀。石虎生性残暴,经常滥杀无辜,是古代有名的暴君。但即便如此,后赵在石勒搭建的教育和人才的基础上,继续雄踞中原近20年。

岳飞不忘恩师周侗

岳飞,字鹏举,中国历史上著名战略家、军事家、抗金名将,被誉为宋、辽、金、西夏时期最为杰出的军事统帅,南宋中兴四将(岳飞、韩世忠、张俊、刘光世)之一。北宋相州汤阴(今河南省安阳市汤阴县菜园镇程岗村)人。

1103年,河南相州汤阴县因黄河决口,发生了一场大水灾。那一年,岳家生了个男孩,孩子的父亲岳和见婴儿出生时天上飞来一只大鸟,就把孩子取名为"飞",字鹏举。

岳飞从小孝顺父母,7岁就帮父亲下地干农活。劳动回来,岳飞在岳和的指点下刻苦读书,除了《左传》,他最喜欢读《孙子兵法》,并爱好武艺。

当金兵在北方入侵辽国,窥视中原时,岳飞发誓要练成本领,杀敌保国。一天,岳飞听得汤阴县里有一位叫周侗的老人,武艺高强,尤其擅长弓箭,岳飞就去周侗处,要拜他为师。

周侗是陕西华州潼关人,北宋末年之武术大师,人称"陕西大侠铁臂膀周侗",少年习武,相传为三国姜维的传人,后拜少林派武师谭正芳为师,得少林武术真传,且文武全才。得到当时地位显赫的包拯赏识,进入军中为军官,后担任京师御拳馆教师。御拳馆有天、地、人三席,周侗为"天"字教师,地位最尊。周侗年老后辞官,在刘光世幕府做过一段幕宾,这时刘光世军驻河南。

周侗见岳飞来求师,便问他:"年轻人,你要学箭法干什么?"

"学了箭法就能奔驰疆场,保卫国家。"岳飞抬起头来精神抖擞地回答。

周侗见站在面前的这个孩子志向远大,心中十分喜爱,当即收了这个徒弟,教育他如何做人,帮助他树立保国安民、建功立业的远大抱负,每逢单日习文,双日习武。

岳飞练功十分刻苦。一天清晨,北风呼啸,大雪飞舞,和岳飞住在一起的师兄弟王贵、张显、汤怀都因怕冷不肯起床练功。岳飞想,练功夫就要夏练三伏、冬练三九,若是不努力,将来怎么去报效国家?于是他马上起来,穿衣提剑,迎着寒风走出屋子。屋外狂风夹着碎雪直往岳飞衣领里钻,可岳飞依然迎风斗雪,挥剑起舞。早在一边仔细观察的师傅周侗,心中暗暗高兴,心想:岳飞小小年纪,就知道刻苦练武,将来必定是国家栋梁。于是,他走到岳飞身后,可岳飞正专心致志地练剑,没有发现师傅。又过了一会儿,岳飞练完了一套剑法,停下来擦汗,一扭身,才发现师傅站在身后。

"师傅您早!"岳飞彬彬有礼地向师傅鞠了一躬。

"来,孩子,我再教你一套剑法。"

周侗一边说一边从岳飞手中接过剑:"这是我祖传的剑法绝招,叫'巧女穿针'。你要仔细看,认真学!"

周侗说完,持剑起舞。剑在飞雪中穿梭,让人眼花缭乱,犹如一根银针在上下飞动。岳飞凝神记着师傅的套路,师傅练完之后,他也就基本全记在脑海里了。周侗按剑停下,把剑交给了岳飞。岳飞手中持剑,凭着刚才的记忆,认真地练了起来。岳飞天性聪慧,加上平时刻苦练功,基本功十分扎实,所以看了一遍便能大致模仿出师傅这套"巧女穿针"的招数来。周侗见岳飞悟性很高,心里非常高兴。

周侗还教会岳飞射箭绝技,能左右开弓,百发百中。

岳飞在周侗的传授下,很快学会了一手好箭法。不久,周侗去世。岳飞心中十分难过,每逢初一、十五,他都要置备一些酒肉,到恩师坟前祭奠。他没有钱，就把身边的衣服当了买供品。这件事被他母亲发觉了，要丈夫去询问他。岳飞生性沉默寡言，没有回答父亲的话，只是跪在父亲面前。父亲觉得很奇怪，就留心观察岳飞的行动。

到了初一那天，岳和见儿子出门去了，便悄悄地跟在他后面。只见岳飞来到周侗坟前，先在坟旁射了三支箭，再把供品放在墓前跪下叩头，十分悲伤。

父亲见岳飞祭扫完毕，就上前问他："你拜过不少老师学艺，为什么独要祭周老师傅呢？"

岳飞回答说："老师在生前一个月里把他一生摸索的箭法都传授给我，还教我立身处世、精忠报国的道理，他的恩情是我一生最难忘怀的。"

岳和听了，觉得儿子已长大成人，正是报效国家的时候，便对岳飞说："金国侵辽以后，即将入侵中原，当今国势日衰，东京正在招募新兵，你可愿意去从军？"

岳飞回答说："孩儿早有此意，并约好张宪、牛皋几位兄弟准备不日去东京。"

岳和听了大喜，便要妻子给儿子准备行装。

岳飞离家前见母亲神情有些感伤，便对母亲说："孩儿这次去东京，以后不能侍奉母亲了，请母亲给我背上刺几个字吧！"说完，岳飞脱下上衣跪下。岳母含泪在岳飞背上刺了"精忠报国"4个大字。

从此，岳飞走上了报国之途，经过10多年的沙场鏖战，屡建奇功，成为一代抗金名将。

李时珍处处拜师

在明朝嘉靖年间,蕲州城是长江中游一个很热闹的码头,大小客栈里经常住满了南来北往的客商。这一年,一个四川商人找李时珍看病,他认为此人患的是不治之症,凭经验估计,活不了多久。李时珍便劝这个病人早日回四川,并给他开了一个药单,要他照单买药在途中服用。

过了一年多,那个四川商人却又在蕲州街上和李时珍相遇了。他红光满面,身强体壮,李时珍暗暗吃惊,急忙问道:"是哪位神医的仙丹妙药治好了你的病?"

那位四川商人高兴地向李时珍讲述了去年回家途中的一段经历。

原来,他去年离开蕲州后,一路上病情日渐严重,好在途中服用李时珍的药,才慢慢拖到夷陵州。到夷陵州后,有人向他推荐了一个叫小华佗的名医。那小华佗经过仔细诊断后,问他如何来到夷陵州,途中可曾服药。那四川商人便掏出了李时珍给他开的药单。小华佗看着药单,始而频频点头,继而摇头微笑。最后,在原来的药单上只加了两味药,按此药单服用不到一个月,四川商人的病就好了。

听罢四川商人的话,李时珍又惊奇,又敬慕。那小华佗在自己的药单上加了两味什么药呢?他昼思夜想,最后决定亲自到夷陵去拜访小华佗。他和妻子商量好后,便不远千里来到夷陵。

到夷陵后,他了解到小华佗医术非凡,性情孤傲,显得有些不好接近。李时珍不管这些,每天来到小华佗的诊室,立在一旁,看他如何诊断、下药,并主动为他磨墨、扫地。他的真诚朴实赢得了小华佗的喜爱。李时珍并不说明真情,只求他收自己为徒,小华佗当即答应了。

小华佗见李时珍勤奋刻苦,进步很快,不久就让他独立诊断一个病人。李时珍诊断完毕把开好的药单递给小华佗,小华佗看后,大为惊异。从药单看,辨证准确,配伍适宜,分量得当,决非出自一个学徒之手。小华佗再三追问,李时珍才把如何给四川商人治病,又为什么千里迢迢来夷陵拜师等等讲了出来。

　　原来如此!小华佗立刻拿出了李时珍给四川商人开的药单,热情地指出:"你下药虽有画龙之功,却无点睛之术。"他向李时珍仔细地分析了那位四川商人的病情和加这两位药的原因。

　　在夷陵州和小华佗相处的时间虽然不长,李时珍却增加了不少知识。不久,他告别了师傅,由夷陵州回到家乡蕲州。

　　五十多岁的时候,李时珍带着学生庞宪,长途跋涉,走进高山深林,到处查访药草,发现有药用价值的植物,就向当地农民、渔夫、卖药的人请教,一一记录下来。

　　有一天,师徒俩走到一个镇上,天色已晚。正想投店借宿,忽然听到一伙车夫在街头一角嚷嚷。原来,其中有个车夫被石头压伤了脚背,血肉模糊的,另一个年纪较大些的车夫,正在锅里煎着草药。不一会儿,他把药汁涂在受伤的车夫脚上,约莫一袋烟的工夫,那车夫便不哼了。李时珍走上前去问老车夫,这是一种什么药。老车夫回答说,他也不懂,是前面山里一位人称"王百晓"的农民给的草药,说专治刀创火烫,还可消肿、止痛。

　　李时珍早就听说这一带有个叫王百晓的人,精通草药,决定同庞宪一起去找他。第二天一早,师徒俩出发了。走了好久,经路人指点,直到正午时分,才在山坳里找到了一座茅屋,这儿就是王百晓住的地方。他俩正想上前叩门,听见里面传来一阵阵打鼾声,原来王百晓正在睡午觉。李时珍用手势止住了正欲推门进去的庞宪,两人站在茅屋前,耐心地等候。

等啊等啊,一直等到红日西沉。师徒俩腿也痛了,口也干了,肚子也饿了,才见王百晓走出屋来伸懒腰。李时珍迎上前,长揖到地,口称:"王先生,李时珍拜你做老师来了。"王百晓一听,大吃一惊,他久闻李时珍是这一带的名医,今日为了拜他做老师,竟在门外站了整整半天,他连忙将李时珍师徒迎进屋里。

李时珍在王百晓家里住了好几天,向这位农民老师虚心求教,认识了许多原来不了解的草药。特别是王百晓向他提供的曼陀罗花,古书里一再提到,可就是没有见过,李时珍猜想也许这就是三国时华佗用来制作"麻沸散"的草药。

后来,李时珍花了 27 年时间,终于修订完了一部一百几十万字的《本草纲目》,在他临终前,得知《本草纲目》即将刻成问世的消息,兴奋之余,不禁又想起当年拜老农王百晓为师的情景,特意交代儿子李建元,不要忘记这位师祖,要去看看他的后人……

唐伯虎学画

　　唐伯虎天生就是个画家的料,他从小就画什么像什么,尤其擅长山水画,加之又工于书法,能诗善文。一些有钱有权的人家经常请唐伯虎到家里作画,唐伯虎这一下更是恃才傲物,目空一切,认为自己很了不起,慢慢地就不知道天高地厚了。

　　唐伯虎的母亲是一个很有头脑的人,她深知长此以往唐伯虎很难在绘画方面取得较大的成就。为此,她决定让儿子正式拜师学艺。一天,唐伯虎的母亲语重心长地对唐伯虎说:"孩子,你对绘画知识的了解最多只能算是皮毛,就像一个开始学习走路的小孩子一样才刚刚起步。要想进一步提高你的绘画技巧就必须正式拜师学艺。"说到这里,她将早已准备好的一卷行李和一包碎银子递给唐伯虎,说:"当今大画师沈周家离咱们家不远,我已托人和他说好,你去拜他为师吧。记住,学不成就别回来见我!"

　　唐伯虎早就对沈周十分仰慕,听到这消息后自然是喜出望外。而沈周也早就听说过少年唐伯虎很有绘画天赋,所以也非常乐意收唐伯虎为徒。

　　转眼间一年时间过去了。在沈周的精心指点下,唐伯虎的画技有了长足的进步。这一天,唐伯虎偷偷地将自己画的画和师傅的画作了比较。他横看竖看,左看右看,总觉得自己画的画已经和师傅不相上下,甚至觉得在某些方面他还要比师父略胜一筹。唐伯虎心想我可以出师回家向母亲报喜了。他将自己的想法告诉师傅,师傅听罢笑了笑说:"好吧,明天让师母给你准备一顿丰盛的饭菜为你饯行。"

饭菜摆在师傅家后花园东北角的一间小屋里。这间小屋平时锁得紧紧的,师傅叮嘱过他,说没有经过师傅的同意,绝不能踏进这间小屋半步。第二天早上,唐伯虎怀着十分好奇的心情走近小屋,见师傅和师娘还没有来,遂趁机四处张望。这间小屋非常奇怪,整个屋子没有一扇窗户,东西南北四面墙上各有 4 个房门。进屋后,他好奇地顺着其他 3 个门格子朝外望去,但见门外花红柳绿,小桥流水。小鸟在天空自由地飞翔、金鱼在小溪里游来游去。那潺潺的流水声和天空中小鸟的叫声似乎都能隐隐听到。唐伯虎心想:难怪师父平时不让我进这间小屋,原来是怕我从这间小屋出去观赏屋外美景,游山玩水,影响了学业。

"伯虎,"唐伯虎正看得出神,就听师傅在身后说道,"你的画本来就不错,又学了一年,现在可以出师了。如果你想到后花园里去玩就痛痛快快地玩去吧。"唐伯虎到底年少,听师傅发了话,顾不上满桌的饭菜,转身朝一扇门跑去。因为他太着急了,结果头碰在门格子上,门却没有碰开。他想,这扇门关得太紧,我还是从另外一个门出去吧。哪知在第二扇门前他又让门格子碰了一下,还是没有把门撞开。到第三扇门时,唐伯虎稍微用了些力气,结果头上碰了个大包。

"哈哈……"师傅见唐伯虎狼狈不堪的样子,不由哈哈大笑。唐伯虎 3 次碰壁,终于清醒,仔细一看,原来除他进的那道门外,其余 3 道"门"全是师傅沈周在墙壁上画的! 唐伯虎顿时羞得满脸通红。他转身"扑通"一声跪在师傅面前说:"师傅,徒弟知错了。请师傅原谅徒儿,就让徒儿再跟您学习三年吧!"

从此以后,唐伯虎专心致志地跟师傅学习绘画技巧,再也不提出师的事了。

三年时间转瞬即过。这一年冬天快要过年时,唐伯虎为答谢师傅的悉心教导,亲自下厨烧了几个好菜,准备宴请师傅和师娘。哪知他刚把烧好的鱼端上餐桌，一只大花猫突然从门外蹿了进来，"呼"地一声跳上桌子就要吃鱼。唐伯虎一见急了，怒声骂道："大胆畜牲，我师傅和师娘还没有品尝，哪里轮得到你呀？"说话间，他"啪"地一声打了大花猫一掌。大花猫一惊，"呼"地一声就往窗外跳，哪知它接连跳了3扇窗户却连一个也没有跳出去，只好转身"呜呜"地夹着尾巴从门口逃了出去。原来，这3扇窗户全都是唐伯虎画在墙上的。

　　师傅沈周看罢这情景，非常满意地点了点头，对唐伯虎说："伯虎呀，你已经4年没有回家看你娘了。快要过年了，快回去看看你娘吧。"

刘伯温千里寻师

元朝至顺年间，春暖花开时节，古老繁华的大都（今北京市）城里，三街六市，悬灯结彩，车水马龙，好不热闹。

这时，有一个翩翩少年挤进一家旧书铺，双眼直盯书柜。忽然间，自言自语："找到了，找到了。"随即拿起一卷木刻本，聚精会神地翻阅起来。

柜台后面有个垂髫童子冲着这个少年没头没脑地问道："公子，你喜欢这本书吗？"少年只管看书，没有回答。童子便放大嗓门又问："公子，你看这本书怎么样？"少年"哦，哦"两声还是没有抬头。

这情形，引起了店里一位老叟的注意。他走了过来，上下打量着少年，作揖道："请问客官高姓大名，贵府哪里？"

少年见是一位长者，即搁下书本回拜说："小生姓刘名基，字伯温，浙江处州青田人氏。"

"来京有何贵干？"

"会试刚刚完毕，等候放榜。"

"嗬！原来是东瓯才子，失敬，失敬！"老叟再次打量刘伯温，见他清秀的两颊白里透红，圆溜溜的眼睛炯炯有神，中等身材，衣冠简朴，彬彬有礼，心里已有几分喜欢。刘伯温不好意思地说："小生到处寻觅名书，这本天文书实是罕见。"

老叟笑说："且请公子进内少叙。"刘伯温急着要看天文书，便随老叟进到内厅。宾主坐定，童子献茶后，老叟和蔼地说："这本天文书摆在店里已达三十年之久，一直无人问津。家父有言吩咐，凡能看懂者，便是此书的主人，自可奉赠。"

刘伯温一时惊讶，说："晚生才疏学浅，如蒙老翁不弃，但求借阅一番，我愿足矣。"老叟慨然应允。不到两个时辰，刘伯温恭恭敬敬地将书还给老叟。老叟用试探的口吻说："请公子选择几段释义，老夫好将此书相赠。"

刘伯温站起来回答道："多谢老翁好意，晚生心领了，此书我已牢记在胸，请不必费心。"

老叟难以置信，随手翻开书说："请公子背诵几段如何？"刘伯温也不客气，竟一口气从头到尾将整本书背了出来。老叟又惊又喜，连连称赞说："公子少年，才智过人，过目不忘，真是难能可贵。实不相瞒，老夫在京名为开设书铺，实乃访贤。家父嘱咐，凡能精通天文书者，愿赠兵书一部。公子能否屈驾往敝乡一游？"

"老翁尊姓，贵府何处，太公高寿？"

"老夫姓谭，祖居淮西临泉，家父现年一百零七岁。"

刘伯温无限兴奋，巴不得早日拜访百岁老人为师，熟读兵书，精通韬略。便恳求老翁写好家书，也不管是否金榜题名，第二天一早就离京往淮西奔去。

一路上昼行夜宿，走了两个来月，好不容易来到安徽临泉县。那天，刘伯温打听得谭家庄方位，即出了县城，走过三里荒丘，跨过数座木桥，沿溪西行，只见桃柳夹岸，翠竹成林，青山绿水，异常清幽，远处竹林中露出一幢农舍，不一会儿来到门前，见一位鹤发童颜，长须齐胸的老者正在屋前浇菜。刘伯温刚要动问，老人却先开口说："刘公子长途跋涉，快请进内歇息。"

刘伯温不觉一怔："老寿翁何以晓得晚辈？"老人微笑说："今早喜鹊叫，就知远客到。早在三天前，老朽接小儿托驿使转来的信，得知公子早晚会来。"刘伯温连忙下跪说："伯温得睹太公，实是三生有幸，请受晚辈一拜。"

老太公急扶刘伯温起来:"贵客降临,岂可行此大礼?不敢不敢!"刘伯温递上书信说:"晚辈此次造府,一来向太公请安,二来为兵书而来。恳请太公割爱,赐借一读。"

"这兵书吗,乃是我谭家祖传之宝,到严父已历三代,尚在严父处。他吩咐,此书不传子孙,只授予出类拔萃、智勇双全之人。"

"啊!不知太祖公仙寿多少?现在哪里?"

"严父如今在青峰寺蓄发出家,法号智隐老人,已经一百二十五岁了。"

"好一位老仙翁啊!可不知青峰寺离此多远?"太公爽朗地回答:"过溪往南走三天路程。"

刘伯温求学心切,站将起来,就要告辞上路。太公却说:"公子且慢。去青峰寺,要过九座大山,穿过九道峭壁,跨过九条大溪,而且气候变化无常,毒蛇猛兽出没,道路好险啊!"刘伯温听了一愣,深思片刻,斩钉截铁地说:"刘伯温求师,哪怕什么悬崖峭壁,毒蛇猛兽,风霜雨雪!晚辈就此拜别了。"

太公见他意志坚决,便说:"公子既然执意要走,老朽也不强留。这里有一纸卷,公子藏在身边,到得青峰寺,面交严父,自有用处。"刘伯温再三拜谢,匆匆上路。

刘伯温昼行夜宿,饿了吃干粮,渴了喝泉水;经过千难万险,终于登上了高耸入云的青峰山。但见"远上寒山石径斜,白云生处有人家",林荫深处果有一座古刹,山门横匾上写着"青峰寺"三个斗大金字。

刘伯温眼睛一亮,精神陡增,连忙上前求见智隐老人。小沙弥问明姓名来历,入内通报。一会儿出来说:"圣僧出外讲经未归,请公子暂住。"当即引客人住在一间厢房里。于是,刘伯温专心攻书,天天读到深更半夜。

　　跟刘伯温同住一个房间的是一位老僧,高个子,长胡须,清瘦硬朗,走路"咚咚"响,天天起早打扫山门,挑水劈柴,熬粥煮饭,看样子是个烧火和尚。刘伯温见他偌大年纪仍这般勤劳,也早起床帮他干活。老僧打少林拳他也跟着学。一晃就是半个月,刘伯温学少林拳也有点入门了。他天天探问智隐老人何时回来,而老和尚总是说:"快了,快了!"

　　一天夜晚,老僧坐禅完毕,踱到刘伯温桌旁,淡淡地问:"公子读的什么书?"刘伯温答道:"是手抄天文书。"又问:"是从哪里抄来的?"刘伯温便将京师巧遇讲了一番,接着说:"谭府老太公说,智隐老禅师珍藏兵书,比这天文书还好十倍,伯温千里迢迢,就是为求师而来的。"

　　老僧说:"难得难得,山野贫僧,坐井观天,不知天文书讲些什么,公子能否讲解一段,让贫僧开开眼界?"刘伯温便一连讲了几段,老僧听了一会儿赞好,一会儿皱皱眉头插上几句话。刘伯温一听,哟!这老和尚的根基可真深,自己解释不周到的地方,经他这么一指点竟豁然开朗了。于是"扑通"一下跪了下去,要拜老僧为师。老和尚也不推让。

　　一天,老僧问刘伯温:"什么叫为将之道?"刘伯温答道:"识天时,知地利,得人和,三者缺一不可。如今弟子略知天文,但对行兵布阵全不通晓,只等智隐禅师回寺,求借兵书一读。"老僧笑笑说:"贫僧这里倒有一本旧书,你若喜欢,不妨拿去看几天。"说罢从榻下书笼里摸出一本书交给刘伯温。

　　刘伯温翻书一看,天时地利,攻守进退,行兵布阵,巧计奇谋,无所不有,这不是兵书吗?他如获至宝,如饥似渴地攻读起来,不到两天功夫,就背得滚瓜烂熟,老僧见他如此虚心好学,十分喜欢。

　　第二天,小沙弥来报:"圣僧讲经已归,有请公子。"刘伯温急忙随小沙弥来到方丈室,见一老和尚身披袈裟,手捏佛珠端坐蒲垫上,刘伯温抬头细看,大吃一惊,这不是天天和自己在一起的老和尚吗?立刻拜倒在地:"仙师在上,恕弟子有眼不识泰山。"随即从袖中取出太公叫带的小纸卷,递了上去。

智隐老人看罢纸卷,点了点头说:"想当初,贫僧俗身也是翰林,只因奸臣当道,昏君听信谗言,陷害忠良,我一气之下,遁入空门,吩咐孙子留在京师,卖书访贤。今日得逢公子,这不是天从人愿吗!"边说边把一大叠书授给刘伯温。笑着说:"这是谭家祖传兵书,《帷幄韬略》计十八本,前日给你看的只是其中一本,现在全部送给你吧。"

刘伯温跪接兵书,拜别智隐老人,回到青田武阳(今文成县南田武阳),发愤读书,刻苦钻研,融会贯通。

元朝末年,群雄割据,元王朝面临崩溃局面。朱元璋攻下浙江金华后,效文王访贤故事,派总制官孙炎到青田县南田武阳村(今文成县南田镇)礼聘刘伯温出山。刘伯温经过一番深思熟虑,毅然参加了朱元璋的义军,并成为朱元璋的军师。他出谋划策,南征北战,奇兵制胜,终于协助朱元璋统一了全国,建立起明王朝,成为和姜子牙、张子房、诸葛亮齐名的民族智星。

康熙拜师

众所周知,清康熙皇帝的老师是清代大名士陈廷敬。由于陈廷敬很有才华,在任翰林院学士时,曾和掌院学士喇沙里、侍讲学士张英受到康熙皇帝的赞赏,表扬他们"每日进讲,启迪朕心,甚有裨益"。但很少有人知道,康熙幼年时还有另外一名叫卢雨慎的老师,其间上演的一幕传奇故事,至今流传。

卢雨慎是清顺治时期江浙一带有名的举人。但他运气不佳,几次进京赶考,都名落孙山。这一年依然如此,卢雨慎见求取功名无望,准备打点行装回家,以期来年东山再起。

就在这天夜里,卢雨慎借宿的小客栈突然人马喧嚣,好不热闹。这卢举人信奉"两耳不闻窗外事,一心只读圣贤书",自然对外边所发生的一切不闻不问,只顾在灯下读他的书。不料,没过一会儿,有人开始敲他房间的门。他开门一看,见是店主和几个仆人打扮的人笑嘻嘻地站在门外。

"出了什么事啦?"卢雨慎惊讶地问。

"什么事,大好事,京城有名的黄大富翁想见见先生。"店主答道。

卢雨慎一听,更是丈二和尚摸不着头脑。他想,我在京城无亲无友,怎么会有个大富翁晓得我呢?正犹豫,黄大富翁被一帮仆人前呼后拥地进了他的房间。卢雨慎仔细看了一下,还是记不起曾在哪儿见过他。

寒暄过后,黄大富翁说:"我与先生素昧平生,但先生的才学早已耳闻。今冒昧前来,有一事相求。家兄病故后尚遗有一子,至今也没找到合适的人教授诗书。若先生不弃,想请先生教他诗书。"卢雨慎一听连连摇头:"京城之大,可谓人才济济,找我这么个南方来的落第秀才当教师,岂不耽误了令侄的锦绣前程？何况我已准备近日返乡，不想接受您的邀请，多谢抬爱！”

然而，黄大富翁仍再三请求：“家嫂寡居只有这一个孩子，十分喜爱，想请一位像先生这样的好老师。请先生不要拒绝。先生可以安心地住在京城，边教书边等待下一次科考，这样也省得往返奔波劳累了。”

卢雨慎一想这也未必不是良策，替人教书，衣食自不必烦恼，还可静心温课，岂不两全其美吗？于是便答应了。

黄大富翁自然再三感谢，并掏出个红包递给卢雨慎：“权当聘金，望先生笑纳。”临别时又对他说：“先生暂且先在这小客栈静候，过几天再派人迎接先生进府。”

一晃半个月过去了，既不见有人来接，也不见黄大富翁的影子。卢雨慎觉得这事很奇怪，向店主打听，店主只晓得黄大富翁在京城名气很大，却也说不清其来历和居住所在。卢雨慎本想收拾行李回家乡，可一想已经收了人家聘金怎能不辞而别呢？于是只好耐着性子等待。真是越等心越烦，越等心越疑，进退两难。

一天夜里，几个仆人来到卢雨慎房间：“有请先生进府！”然后不由分说把他的两眼用黑布蒙上，又将他绑在一匹马上，前呼后拥地离开了小客栈。

走了很长时间，突然有人说：“到了。”于是七手八脚把卢雨慎从马上放下来，揭去蒙眼的黑布。卢雨慎这才看见原来已经到了一座豪华的大宅院。那群人簇拥着他走过曲曲折折的长廊，来到一间宽敞的书屋，对他说：“请先生在这里休息，但不要胡乱走动，如果渴了饿了那就吩咐一声，立即就有人送来。”

第二天，黄大富翁带着一个小男孩来了，小男孩恭恭敬敬地向卢雨慎磕头跪拜。黄大富翁对卢雨慎说：“家嫂十分喜欢这个孩子，每天照料甚是仔细，所以他每天上课要来迟些，请先生不要责怪他。”

此后，小男孩每天上午来卢雨慎的书屋，跟他学习诗书。小男孩十分聪颖,过目成诵。卢雨慎十分欣赏,因此更加尽心地教他。

黄大富翁对他照料颇周到,日日山珍海味自不必说,而且常常背着卢雨慎给他的家人赠寄银子。等到家人来信告诉卢雨慎银子收到了,他才明白。

一晃三年过去了。卢雨慎虽然衣食不愁、生活安逸,但总觉得自己毕竟是个读书人,而今功名尚未求得却在此当起教书先生,实在有点大材小用。所以,一天他趁黄大富翁来访时,提出了辞去教职的请求。不料,黄大富翁哈哈大笑:"先生还怕有朝一日不能飞黄腾达吗?请耐心地再当几年教书先生吧。"

卢雨慎想到黄大富翁对自己不薄,自然不好意思强求。只得又尽心地教书。

一晃又是三年。这天晚上,黄大富翁突然来到卢雨慎的书屋,对他说:"家侄蒙先生指教六载,学问大有长进。早知先生求取功名心切,故而不敢再留以误先生前程。这些薄礼望先生笑纳。"说完就带着卢雨慎走过曲曲折折的长廊来到一间屋子,对他说:"你先在这里休息,等到天亮再送先生回去。"

天亮了,几个太监突然来到卢雨慎面前:"圣上召见!"

卢雨慎大惊,但已没有时间考虑,只好整整衣冠,随太监前往。

到了圣殿,见坐在皇帝龙椅上的不是别人,正是自己教了六年的学生,不禁吓得大汗淋漓,伏在地上连声说:"罪该万死!罪该万死!"

就在这时,传来了他的学生也就是康熙皇帝的声音:"平身。赐词林官"。

张曜拜妻为师读经史

　　三国时,吴国的孙权手下有位著名的将军名叫吕蒙。他身居要职,英勇善战,但因为从小没机会读书,因此学识浅薄,见识不广。有一次,孙权对吕蒙说:"你现在身负重任,得好好读书,增长自己的见识才是。"孙权的提醒和劝勉让吕蒙深受教育。从此他一改旧习,努力向学,笃志不倦,终成文韬武略的名将。后来,吴国的另一位名将鲁肃非常钦佩地对吕蒙说:"以前我以为老弟你只不过有些军事方面的谋略,现在才知道你学问渊博,见解高明,再也不是以前吴下的那个阿蒙了!"于是,便有了"吴下阿蒙"这个成语。此成语泛指缺少学识才干的人,比喻人学识尚浅。

　　在我国清代,也有一位"吕蒙式"的将军。他虽然战功卓越,却由于自幼失学,没有文化,常受朝臣歧视,后来还被御史参劾"目不识丁"。但他知耻能改,拜自己的妻子为师,勤学苦读,终于成为一代文武兼资的名臣。他,就是张曜。

　　张曜出生于直隶,也就是今天的北京。张曜少年时不喜欢读书,终日贪玩。他从小身材高大,臂力过人,是当地的孩子王。他经常纠集一群同龄少年玩打仗的游戏,率领他们拿着竹竿冲杀战斗,展现出了超于同龄人的领导能力。后来,张曜的父母都去世了,无依无靠的张曜便前往河南固始县,投靠一位远亲——时任固始知县的蒯贺荪。

　　当时,中国北方许多地区爆发了捻军起义,捻军是太平天国时期北方的农民起义军。张曜来到固始县时,捻军正在攻打这座县城。身为县令的蒯贺荪被捻军弄得焦头烂额。见到张曜前来投奔,蒯县令大喜过望,便让他发挥长处,组织了三百多人的乡勇,让张曜率领,抵抗捻军的进攻。

别看张曜读书不行，可领兵打仗还真是一把好手。他来到固始县之后，便操练乡勇，攻击捻军，再加上张曜还常常用疑兵计、夜袭法等手段，居然取得了几场胜利。有一次，张曜在率领乡勇与捻军作战时，巧遇了领兵镇压捻军的蒙古科尔沁亲王僧格林沁。僧格林沁见张曜指挥有方，便招他前来问话，觉得他是个人才，就把张曜的部队收编在麾下。于是，张曜率领的杂牌军就成为了正规军，张曜本人也成为了清朝的一名正式将领。

见张曜解了固始之围，蒯知县非常高兴，就从中撮合，将族弟蒯秀培的女儿嫁给了张曜。又由于张曜抵御捻军，保卫县城有功，经僧格林沁举荐，张曜担任了固始县的知县一职，蒯知县则升任别处。就这样，张曜和蒯夫人就继续留在固始县，处理县衙的一切事务。由于蒯夫人出身于书香门第，文化水平高出张曜许多，因此，县衙中的一切公文事务均由蒯夫人包了，张曜则负责操练士兵，维持治安。夫妻二人各用所长，相得益彰，配合得倒也十分默契。

当时是太平天国后期，太平军与北方的捻军联合打击清政府。有一次，太平军和捻军攻打固始县，战斗持续了 70 多天。张曜率众死守县城，居然打退了对方的进攻。张曜的战功传到了咸丰皇帝的耳朵里，皇帝为了嘉奖他，赐给他"霍钦巴图鲁"的称号，就是"勇士"的意思。此后，张曜的仕途便一帆风顺，从知县一路升官至知府、道员，到了咸丰十一年，张曜做到了河南布政使，从一个目不识丁的穷小子做到了一个从二品的官职，张曜真可谓春风得意。

可好景不长，当时有位御史名叫刘毓楠，这位刘御史向皇帝参了张曜一本，说："张曜虽然战功赫赫，但却是个大字不识一筐的大老粗，这种人怎能堪当重用呢？"皇帝一想，说得也是，就下诏免去张曜布政使的文职，改授武职总兵。虽然从官阶来看，两个官职都差不多，张曜并没有受到什么损失。但要知道，在封建社会一直有着"重文轻武"思想。这样一来，张曜等于被朝廷驱赶出文臣行列，这在当时绝对不是一件光彩的事情。

这事对张曜的打击很大，从此他决定努力读书，摘掉文盲的帽子。张曜想到自己的妻子很有文化，便要求妻子教他念书。妻子说："要教是可以的，不过要有一个条件，就是要行拜师之礼，恭恭敬敬地学。"张曜满口答应，马上穿起朝服，让妻子坐在孔子牌位前，对她行三拜九叩之礼。从此以后，凡公余时间，都由妻子教他读经史。因为张曜的基础太差，刚开始学习的时候，起步十分艰难。当他背书背不出来的时候，妻子也难免会训斥他。每当妻子训斥，他就恭身肃立听训，不敢稍有不敬。为了防止懈怠松劲，张曜请人刻了一枚"目不识丁"的印章，佩在身边，随时警戒和鞭策自己。

天道酬勤，张曜发奋苦读了几年，文化水平竟然有了很大的进步。他甚至能自己草拟奏疏，而且文笔雅驯，颇有才气，竟与先前那个大老粗判若两人了。几年之后，张曜因文化素养提升，同时战功卓著，又被朝廷封为河南巡抚，相当于河南省省长一职。凑巧的是，当年弹劾他的那位刘毓楠御史罢官回家，穷困潦倒，正好在张曜的治下。而此时已是一省巡抚的张曜，不计前嫌，每年都遣人送给刘毓楠很多钱财，帮他养家。并且，张曜每次在给刘毓楠的信上都要盖上"目不识丁"的印章，这并不是故意嘲笑，而是发自内心地感谢刘毓楠对自己的帮助。

经过多年的苦读，张曜成了一位能诗擅文的儒将，他不仅"淹通图史，诗文皆有古法"，而且书法大有成就，能写得一笔端庄雄伟的"颜体"。

后来，张曜又历任海军帮办，广西、山东巡抚等职。在山东，张曜办海岱书院于青州，又亲自督治黄河水害，最后积劳成疾，在山东去世了。临终前，张曜还写信给朝廷，在信中他第一句话就说："山东为北洋门户，一定要造炮台以备不测之需。"可见他临终之前仍然心系国家安危。张曜去世的消息传到京城，皇帝也感到非常悲痛。为了表彰张曜生前勤奋好学的精神，皇帝赐给他"勤果"的谥号，又为他建立了祠堂，让天下人都学习他这种勤勉学习的精神。张曜拜妻子为师，刻苦学习的故事也成为千古传颂的佳话。

蒲松龄把广大老百姓当作自己的老师

　　在山东省淄川县的东边,有一个山清水秀的小村庄——蒲家庄,这里住着几十户人家。村子的四周被垂柳环绕,每逢春暖花开时节,细细的柳枝随着微风轻轻摇荡。村外有一条清澈见底的小溪,涓涓细流日夜流淌。在村子的不远处,就是蜿蜒起伏的群山,远远望去翠绿一片。1640年的一天,蒲松龄就出生在这个村庄一户败落的地主家庭里。

　　蒲松龄的父亲饱读诗书,但却没有取得功名,为了生计,后来就去做生意了,可是他并不善于经营,所以买卖也不兴隆,再加之家里的孩子又多,所以蒲松龄小的时候家境并不富裕。眼看着孩子们到了上学的年龄,父亲却没有钱为他们请老师,只好在家里亲自教他们念书。在蒲家的五个孩子里,要数老三蒲松龄最为聪明,也最刻苦,所以他颇得父亲的宠爱。

　　蒲松龄小的时候不但读书用功,而且学习方法也很巧妙,在家乡至今还流传着他"灯下读诗"的故事。说的是有一天晚上,蒲松龄又像往常一样打开诗集,坐在昏暗的灯光下开始读诗了。这时,诗集中一首古人描写月光的诗深深地吸引了他,尤其是"山明疑有雪,岸白不关沙"这两句令他十分欣赏。他轻轻地将诗集合上,在脑海中描绘出这样一幅图景:远处的山峦披着银白色的月光,就像布满了皑皑积雪;月光映照在河岸上,一片白茫茫,就像铺了一层银色的细沙……小蒲松龄顿时被这美景所陶醉,他兴奋地说:"这两句写得多么逼真,多么优美啊!"于是,他马上拿起笔,把这首诗抄在了本子上。这时他又想:"这位诗人还有没有其地描写月光的诗呢?"他又打开诗集,终于找到了几首,他把这些描写月光的诗也都仔细地抄在了本子上。后来,蒲松龄又把其他诗人写月的诗都抄录下来,还用同样的方法阅读、抄录了很多古人咏雪的诗歌。就这样,蒲松龄从小就通过广泛阅读和分门别类地抄录,再加以比较、体会,渐渐地掌握了写诗的方法,为他后来能写出十分出色的诗打下了很好的基础。

在蒲松龄19岁那年,他参加了一次重要的考试,这将决定着他能否成为"秀才"。那时候,科举考试主要是考"八股文",即每篇文章由破题、承题、起讲、入手、起股、中股、后股、束股八部分组成,在起股到束股这四段中,每段要有两股排比、对偶的文字,共八股。"八股文"写的主要是"四书五经"上的东西,不仅文章格式死板,就连字数都有严格的规定。所以,这种考试制度很难看出一个人的真才实学。但蒲松龄对自己的能力非常自信,因为在这以前的县、府两次考试中,他都得了第一名。

这次考试的主考官是著名诗人施闰章,这个人不喜欢"八股文",所以他出的作文题目也和别的考官不大一样,颇有些文学色彩。到了考试那天,天刚蒙蒙亮,考生们就排着队进入考场。考场四周有士兵负责把守,他们严密地监视着考生,气氛令人紧张。蒲松龄也走在这些考生之中,他的神色很从容。进入考场领了试卷后,他就按照卷面上印的座位号稳稳地坐下了。这时,一阵敲击木板的声音响起,考场的院门也随之"咣当"一声上了锁。考试开始了,场内一片肃静,只有差役举着题目牌在过道上走来走去,这次考试的作文题目是《早起》。

蒲松龄看了题目以后心中暗喜,认为这是一道好题,但当他提起笔时,不禁又有些犹豫了,心想:"我要是完全按照八股文的要求写,只能把文章写得枯燥死板,那就对不起这道好题了。可如果……"经过一番斟酌,他最后还是决定按自己的心意写出一篇好文章。这时,以往的所见所闻又涌入他的脑海:那些大官儿们道貌岸然,早早起来就去朝廷争权夺利;那些卑鄙的小人们心怀叵测,也早早起来跑到富贵人家去拍马屁……想到这里,他忍不住笑了,立刻动笔写起来。没过多久,一篇洋洋洒洒、极尽讽刺社会丑恶现象的犀利文章就完成了。

蒲松龄回到家里等候结果时,还在为自己的得意之作而高兴。过了些日子,考试成绩终于出来了,蒲松龄居然获得第一名,成了一个秀才。原来,主考官施闰章非常赞赏他的文章,并写下了这样的批语:"把时下一些人追逐富贵的丑态集中在'早起'这两个字上,好像在空中闻到了奇异的芬芳。读了这样轻松明快的文字,让人能享受到甩着胳膊随意游玩的乐趣。"后来,当施闰章见到蒲松龄时,立刻就喜欢上了这个有才华的青年,还收他做了自己的学生。蒲松龄也对自己的未来充满了希望。

蒲松龄考中秀才以后,就有资格参加"乡试"(考中的称为举人)了,为了过这一关,他决心下一番功夫。有一段时间,他索性住到附近的青云寺里苦读。每当寺里的晨钟敲响,他就起来读书,一直读到傍晚的暮鼓声传来。有时候,他读书入了迷,就会伴着烛光一直到天明。寺院里生长着一大片桂树,每到秋天,满树的桂花使整个山谷都充满了浓浓的香气。八月初八这天是赶庙会的日子,附近十里八乡的村民都来到寺院赶庙会、赏桂花,这让平时寂静的青云寺也沉浸在热闹的气氛中。住在寺里的蒲松龄也索性放下书本,信步走出房门,来到这香气扑鼻的桂花海中。那些村民们也不把他当外人,和他一起说说笑笑。这时,忽然听到有人大声喊:"快来呀,听说书的啦!"于是人们纷纷围拢过去,只听有人讲起了各种奇闻异事,像什么花妖了、树精变成美女的鬼怪故事了。这一切都使蒲松龄感到新鲜和着迷,他一边喝着酒,一边津津有味地听着。蒲松龄是个有心人,他一边听还一边记,把很多故事都记在心上。等到庙会结束了,他回到房间坐下来,把那些故事一一记在本子上。

青云寺的苦读生活,不仅使蒲松龄的学问有了长进,而且山中的美景也陶冶了他的性情,尤其是和老百姓的广泛接触,更让他感受到了民间文艺的巨大影响,激发了他从事文学创作的热情。他暗暗下决心:无论自己今后的前程如何,都要把这些民间传说的故事搜集起来,写成奇妙文章传给后世。

就在蒲松龄准备安心攻读继续备考时,后院却起了火,原来是他们家闹起了纠纷。他们有兄弟四人,这时都已成了家,由于自己的妻子刘氏勤快孝顺,深得公婆的欢心,所以引起了兄嫂的妒忌。公婆在兄嫂的争吵声中,无奈只好作出分家的决定,但是分的结果却很不公平,两个恃强凌弱的哥哥分走了宽敞结实的住房,两个蛮横的嫂嫂也把好的家具和农具抢走了,留给蒲松龄和妻子的只是位于村口的三间破房子和一些几乎不能用的家什和农具。妻子刘氏望着眼前的破草房难过地哭了,她说:"你看,这儿杂草丛生,连个院墙也没有,房子的墙皮也掉了,咱们这儿夜里有狼,没有门板可怎么住呀!"蒲松龄安慰妻子说:"别着急,我去想想办法。"说完,他从堂兄家借来一块门板挡在门口。这块门板窄的只能容一个人进出,如果家里人出去时,遇到有人进门,就得先躲在门后,等那人进来后再出去。他们家只分了几亩薄田,平常年景温饱都满足不了,恰巧这两年又赶上闹灾荒,几亩薄田只打下了50斤荞麦,80多斤谷子,连买柴米油盐的钱都没有。蒲松龄看着眼前的窘境,心里想:"看来,只有参加科举考试谋个官职,才能养活一家人啊!"

蒲松龄本以为凭着自己的才学,准能金榜题名,可令他没想到的是,一连三次参加乡试都名落孙山。那时候考场舞弊现象十分严重,只要有钱就可以买通考官,没学问的只要有背景也可以顺利过关。而像蒲松龄这样既没有背景也没有钱的穷书生,就只能靠运气了。尽管几次落榜,但蒲松龄并没有气馁,他下决心一定要靠自己的真本事金榜题名,可这时他已经三十岁了,为了一家人的生活,他必须要找点事做才行。恰好他有个朋友叫孙蕙,在宝应县(现今江苏省)当知县,邀请他去做幕宾(为知县出谋划策的人),蒲松龄就答应了。在宝应县当幕宾期间,他又认识了不少有才学的人,也见识了许多新鲜事。他一边帮助孙蕙办事,一边抽出时间四处寻游,如果听到什么新鲜事就记下来,写成几篇故事,还写了不少诗。孙蕙看到蒲松龄这么有才华,高兴地说:"你的诗词文章写得这么好,以后我这里需要写应酬文字的事就全仗你了。"蒲松龄听了有点儿不大高兴,说"要是那样的话,我岂不成文字匠了吗?"尽管心里不情愿,但蒲松龄为了朋友间的友谊,还是替孙蕙写了不少应景的诗文。蒲松龄在宝应县只待了一年多,就打算回家乡去。孙蕙实在不舍得他离开,极力挽留说:"你在我这里不愁吃、不愁穿,又能写诗作文,今后有机会还能升迁,可你为什么要走呢?""您对我虽然很好,可我心里并不踏实。尽管我年纪不小了,可志向还在,我总不能就这么抄抄写写,干替别人写文章的事,我要写自己的东西,走自己的路。"蒲松龄认真地回答说。

蒲松龄回到家乡以后,为了一家人的生计,到村子里一个有钱的人家当了一名教书先生,恐怕连他自己也没有想到,从此竟一连教了四十年的书。不过,在这几十年中,他最大的乐趣还是写故事。为了收集更多的故事材料,他经常在村外的路口旁边摆个茶水摊,自己则坐在一张席子上,看着来来往往的行人。

"喂,天儿够热的,还是歇歇脚吧,喝口水,抽袋烟。"蒲松龄笑着招呼过往的行人。

"谢谢啦!请问,您这茶水多少钱一碗?"行人们问道。

"水嘛,随便喝!烟也随便抽,不要钱的。"蒲松龄笑着回答。

"怎么? 竟有这么好的事?"行人们似乎有些不相信。

"当然了。不过,您要是有什么新鲜的故事,就请讲给我听听。"蒲松龄诚恳地说。

"您这么爱听故事吗? 喜欢听什么样的呢?"行人们一脸惊奇地问道。

"讲什么都行。"蒲松龄爽快地说,"当然是越奇怪的越好,比如神呀、鬼呀的。我最爱听奇闻逸事了,就跟宋朝的苏东坡一样,他不就喜欢听别人讲鬼怪的故事吗?"

"哈哈!你这人可真有意思。"行人们见他这么有趣,也就索性坐下来歇歇脚,他们一边喝着茶水,一边吐着烟圈,天南海北地神侃起来。这些行人中做什么的都有,有的是出外干活的汉子;有的是做买卖的商人;还有的是云游四方、见多识广的文人,总之,他们讲的故事五花八门。不管什么故事,蒲松龄都十分认真地听,然后回到家里把听到的记下来,等有了时间再编成完整的故事。他从老百姓那里得到了很多故事素材。

有一天,一个木匠路过茶水摊,他给蒲松龄讲了这么一个新奇的故事:说是有个皇帝喜欢玩斗蟋蟀,结果地方官吏投其所好,就逼着老百姓每年捉蟋蟀进贡。有个人因为交不出蟋蟀,被官府抓去打得死去活来,还罚了很多钱。后来,那个人好不容易捉住一只又大又凶猛的蟋蟀,却不料被他的小儿子给弄死了。小儿子害怕父亲打他,就悄悄地投了井。正当全家人哭得死去活来时,忽然见到一只大蟋蟀跳过来,于是就赶紧捉住把它献给了皇帝,这样全家人才免遭灾难。父亲因为死了儿子而悲痛不已,后来他才知道,原来那只大蟋蟀竟是自己的小儿子变的。蒲松龄听了禁不住流下眼泪,他觉得这个故事太悲惨了!心里想:"我一定要把这件事写成故事,让人们看看官府是多么残忍地压榨百姓的!"后来,他果真写下了《促织》,成为深深打动人们心灵的不朽名篇。蒲松龄把《促织》和其他许多作品一起,收入到他写的短篇小说集《聊斋志异》里。

《聊斋志异》是蒲松龄最优秀的代表作,也是他一生心血的结晶。他从年轻时起就搜集民间故事,并改成文言小说,到了40多岁的时候,总共写了490多篇,约40余万字。因为他写作的屋子叫"聊斋","志"是记的意思,"异"是指奇特的事情,所以这部书起名叫《聊斋志异》。

《聊斋志异》的内容丰富多彩,除了《促织》之外,还有一篇叫《席方平》,是写一个名叫席方平的青年,为了替被害的父亲申冤,竟到阴间去了一趟,和大鬼小鬼们狠狠斗了一番,虽然受尽酷刑折磨,但却始终不屈服。这里面还有许多狐狸成仙的故事,那些狐狸都心地善良,乐于助人,虽然听起来很荒诞,但却表达了作者的美好追求和理想。

在蒲松龄的作品中,还有一些与他个人的遭遇有关。比如,他几次参加科举不中,对考场上的丑恶现象深恶痛绝,于是他就写了几个考场上的故事,令人拍案叫绝。其中有个故事是讲一个姓贾的读书人,虽然学问很高,可就是屡屡考不中,后来他听了狐仙的话,把别人写的坏句子连在一起,成了一篇文章,不料却中了第一名。蒲松龄把自己的爱和恨都融入在作品中,使人们看了或扼腕叹息,或仰面大笑,从中体味其深刻的含义。

蒲松龄的《聊斋志异》来自于民间提供的充足养分,被誉为我国古代文言短篇小说中成就最高的作品集。鲁迅先生在《中国小说史略》中评价此书是"专集之最有名者";郭沫若先生则称赞蒲松龄的作品是"写鬼写妖高人一等,刺贪刺虐入骨三分"。

杨露禅陈家沟偷拳

要说杨露禅偷拳的故事，得先从河北广平府（即现在的永年县）说起。

广平府有个穷苦的年轻人，名叫杨福魁，字露禅，因为家穷，每日推车卖煤土为生。虽然每日汗珠子摔八瓣儿，也只能顾得全家老幼一天三顿饭。这一天一大早，他推着一车土，路过"太和堂"药铺，忽然心中一动，猛然想起一件事来。

这"太和堂"药铺掌柜，是河南温县陈家沟人。杨露禅常听人们传说，这药铺掌柜和徒弟们都会一种高超的拳术，名叫"太极拳"。但人家师徒一早一晚练武时，把门上得像铁桶一样，所以连他这个武术迷，至今也不知太极拳是什么样子。今天天气还早，药铺还没开门，自己何不借送土为名，进去看看。说不定碰巧了，还能开开眼界。

想到这里，杨露禅放下车子，敲起门来。一个小伙计开开门，见是熟人，也不在意，便把他领到后院厨房边。他来得正是时候，药店掌柜和徒弟们还在练拳。杨露禅不由满心高兴，一边卸土，一边偷看。只见陈氏师徒慢腾腾像老婆婆纺线，软绵绵的似水中摸鱼。还有两个伙计，面对面，手搭手，你进我退，我进你退，像挽花一样。他看了半天，也没看出个名堂来，心中想："这是什么拳？没有一点刚武气概，练这拳有什么用处？"不由心中失望，卸完土推车走了。只听王氏兄弟乱纷纷嚷道："这药你是退还是不退？"小徒弟一副笑眯眯的样子，口中说道："药是进口的东西，照规矩出门不能退还。要钱，小店可以……"话未说完，一个手提中药包的无赖哈哈大笑道："好个不知进退的小畜牲！王家老爷们哪稀罕这几个钱！明对你说，这药今天你退也得退，不退也得退！"说着，将手中药包照小徒弟劈面扔去。

说时迟，那时快，只见小徒弟放下手中活计，右手已闪电般地抓住药包，跟着一扬手，啪的一声，正摔在那无赖脸上，包里的树皮草根四处飞溅。在周围看热闹的人的哄笑中，小徒弟仍是笑嘻嘻的。王氏兄弟大怒，招呼几个无赖，舞棍弄棒，要和小徒弟打架。杨露禅不禁为小徒弟担心，怕他那软绵绵的太极拳不是王氏兄弟等人的对手，正要上前帮忙，却见小徒弟仍是笑嘻嘻的口中道："想打架？好啊！咱找个宽敞地方！"一个纵身，早越过柜台，轻飘飘地落到了街中心。杨露禅见小徒弟身子如此灵便，不由暗叫了一声"好"，但又不放心，遂也来到街心，准备帮小徒弟的忙。王氏兄弟等人虽然也看出小徒弟武功不弱，但仗凭人多，又欺小徒弟赤手空拳，年龄幼小，就摆出群羊围虎的架式，将小徒弟团团围住。

只见小伙计仍是不慌不忙，在几个人的包围圈中，蹿奔蹦跳，闪展腾挪，转折如意，身法轻灵。虽未见他主动出手，但转眼之间，贴近他身子的王氏兄弟等人却像下饺子一样，噼里啪啦，倒了一地，一个个跌得鼻青脸肿，都不敢上前再战，爬起身来便跑。小徒弟笑嘻嘻地打了打身上的灰土，只管进柜台做生意去了。杨露禅心中想道："想不到软绵绵的太极拳竟如此神妙。自己每天想拜师学艺，却不是放下眼前孔夫子，到处找寻读书人？"心中暗暗打定了主意。

第二天，他提了礼物，专门去拜访"太和堂"掌柜。见了掌柜，趴在地上便磕头，嘴里连叫"师父"。掌柜听说他要跟自己学武，忙拉他起来，说道："杨兄为人，在下深知。不过，小弟生性懒惰，悟性又差，加之每日在外奔波，所以对太极拳只学了点皮毛，岂敢收徒？如杨兄要学习太极拳，我倒可以给杨兄推荐一个师父。"杨露禅忙问是谁，掌柜道："在我老家陈家沟，有一个陈长兴老先生，他不但将九世祖创编的太极拳练得出神入化，而且有所创新。只是这老先生脾气有些古怪，轻易不收徒弟。这样吧，我写封信让杨兄带去，看看缘分如何吧。"

杨露禅拿了"太和堂"掌柜的信,告别了老母和妻子,恨不得长上翅膀,飞往陈家沟。由河北到河南,几百里路,他只走了五天。这一天下午,他终于来到了温县,找了个客店住下。第二天一早,他换了一身干净衣服,一直奔到陈家沟,来到陈长兴家。他递上了"太和堂"掌柜的信,谁知陈长兴看了,微微一笑,说道:"在下学的几手三脚猫功夫,哪里敢收徒弟,误了杨兄的终身? 杨兄还是另投名师吧!"杨露禅苦苦哀求,陈长兴不理,只吩咐为杨露禅准备饭菜,又拿出几两银子,让杨露禅做回家的路费。杨露禅满心高兴而来,谁知一个滚热的身子一下子掉进了冰窟窿里。他拖着沉重的双腿,来到陈家沟一家小茶馆,想喝壶茶歇息歇息赶路。怎奈心中烦闷,乱糟糟的,茶杯倒满了也不知道,哗哗哗倒了一桌子,等到发觉,茶壶里的水早倒了个精光。

　　开茶馆的老婆婆是个热心肠的人,遂又泡了一壶茶送过来,近前问道:"我看客官是外地人,年纪轻轻,为何唉声叹气? 莫非遇见了什么不顺心的事?"杨露禅见老婆婆和气,便把自己投师的事说了。

　　老婆婆听了,十分感动,想了一会儿,微微笑道:"为了投师,你可吃得了苦?"杨露禅听她话中有话,赶忙说道:"不要说吃苦,就是上刀山下火海,俺也不皱眉头!"老婆婆道:"既然吃得了苦,你投师的事包在俺身上。"

　　这时候正是冬至以后,是一年中最冷的日子,西北风一连刮了几天,竟下起大雪来。大雪从头天傍晚下起,一直下到第二天天明。

　　这天一早,陈长兴正在屋中看书,见家中一个"把式"(长工)慌慌张张跑进来,说门口躺了一个要饭的,已经冻得昏迷过去了。陈长兴走出门来,见几个人已把那要饭的抬进了大门过道。他近前一看,只见这要饭的浑身穿得破破烂烂,身旁扔了一根打狗棍,一只烂碗,一张脸黄中带黑。忙叫人把他抬到屋中,烧了姜汤,用筷子撬开牙关,灌了进去。过了一会儿,那要饭的才慢慢醒过来。但两只眼睛只管痴痴呆呆看着围在身边的人。陈长兴问他家乡姓名,他哇啦哇啦半天,双手连比带划,一句话也说不出来。众人这才知道,原来他是个哑巴。

　　陈长兴看他那可怜的样子,心想:"这样大雪,天寒地冻,他又不会说话,叫他去哪里讨饭、安身?不如叫他留在家里,也好救他一条性命。"他把自己的意思说了,要饭的趴在地上便磕头。陈长兴便给他起名陈安,又叫人找了一身旧棉衣给他换上。这哑巴几顿饱饭一吃,马上见了精神。虽然他骨瘦如柴,力气却大得很,干起活来,十分卖力。每天担水、扫地、提茶倒水,忙个不停,很得陈家人喜爱。每天晚上,陈长兴便叫人关门闭户,在练武场上教儿子和徒弟们练武。这时候,陈安便在旁边伺候。不是给这个抱衣服,便是给那个送茶水。每月十五月圆的夜里,陈长兴师徒便在后院比武,陈安便又是拿兵器,又是打扫场地。杂事干完了,便在一旁观看,嘴里还哇啦哇啦乱叫。不知不觉中便过了两年。

这年正月十五,街上龙灯、狮子耍得好不热闹,但陈长兴没说话,徒弟们谁也不敢出门,比武照常进行。陈安也像往日一样,在一旁伺候。陈长兴正在看儿子和徒弟们比武,无意中看了陈安一眼,发现他一边看比武,一边点头微笑。那双大眼睛明亮地扑闪着,和平常痴痴呆呆的样子完全不一样。陈安猛然发现陈长兴在看自己,忙低下了头。等他又抬起头,眼光又像平常一样痴痴呆呆了。陈长兴不由得起了疑心。

陈家练武场一角,有一口水井,几畦菜地,还有一间堆放杂物的地方,陈安便住在这间屋子里。平时住在前院的人,特别是夜里,很少有人到这里来。一个月黑的夜里,已经过了半夜了,只见一条黑影一闪,连一点声音都没有,来到了陈安窗下,摒心静气听了一会儿。忽然,他好像听到了什么声音,一个箭步,离开窗户,隐藏到不远的一棵大树后面。屋门一响,陈安慢吞吞地走了出来。

陈安来到屋外,听听周围的动静,看前院已没有了灯火,便微笑了一下,静静站在屋前,回想陈长兴教徒弟们的一招一式,在黑暗中比划起来。忽然,他觉得脑后一股冷风,知道有人偷袭,急忙向前一个纵步躲过。扭脸看时,见面前站着一人,黑布蒙脸。那人没等他看清,便劈面一掌。他忙用学来的太极拳功夫轻轻滑过。他见那人用的陈氏长拳的招式,心知有疑,哪里还敢还招,只得窜奔蹦跳,嘴里哇啦哇啦求饶。那人冷笑一声,嗤的一声,撕掉了他一块衣襟,纵身飞上围墙,转眼间便没有了踪影。回到屋里，他一夜翻来覆去没有睡着。

第二天一早，他听得陈长兴叫他，一颗心吊在了半空。来到陈长兴房里，见陈长兴一脸怒色。见他进来，陈长兴将一块黑布扔到了他的面前。他见这块黑布正是昨天夜里被撕掉的衣襟，知道事已败露，急忙跪倒在地，说道："师父在上，徒儿杨露禅拜见！"一句话说出，惊得站在旁边的徒儿们目瞪口呆。

陈长兴听说他是杨露禅，也大吃一惊，问道："你……你没回广平府？"杨露禅跪在地上，说道："两年前，俺来投师，师父不收，弟子无奈，只得回去。亏得开茶馆的老婆婆出主意，在她家住了几天，趁着下大雪，她叫徒儿装成哑巴，进到师父家中。望师父体谅徒儿苦心，饶恕偷拳之罪！"陈长兴满面笑容，亲手拉起杨露禅，说道："两年来，我并没有亲手教你，倒使你受了两年苦，所以我并不是你的师父。你可将两年来学的太极拳套路演试一遍，让诸位师兄看看！"

杨露禅见陈长兴没有追问偷拳的事，这才放下心来，立即将太极拳套路练了一遍，又从兵器上取下单刀，劈、砍、撩、挂，使了一遍。又跪在地上说道："弟子愚笨，求师父指教！"

陈长兴见他功夫纯真、熟练的程度，虽然及不上几个得意徒弟，但也不在其他徒弟之下，心中暗暗赞叹他聪明过人，是块学武的料子。当下说道："并不是两年前不收你为徒，要知一个人生长在世，最重要的是为人的品行。学武的，也就是武德。太极拳是王廷公苦心创编的，我哪能不看人的品行随便教人呢？难得你如此用心，今日我便正式收你为徒。"杨露禅听了，高兴地拜了师，又见过了众位师兄。

听老人们说，杨露禅以后又在陈家沟学了 18 年，陈长兴将一身功夫都教给了他。他后来回家后，经亲友推荐到北京教拳，打败许多名手，名声大震，被请到清宫王府教拳，在陈氏太极拳的基础上，创编了杨式太极拳。

齐白石学画

　　光绪十四年(公元 1888 年)，24 岁的齐白石还是个雕花木匠，叫齐纯芝，人称芝木匠。附近有个会琴棋书画、诗词歌赋又喜结交朋友的秀才胡沁园先生，从芝木匠的一举一动中看到了他天赋才气过人，且有刚直不阿的品格，认为他是个非凡之人，若有名师栽培，定会前途无量。于是，胡沁园决定将他收为门生。胡问："你愿不愿意读读书、学学画?"芝木匠答："愿意倒是愿意，只是家里穷，年岁又大了，怕学无所成。"胡沁园说："怕什么!《三字经》里面的'苏老泉，二十七，始发愤，读书籍'，你正当此年龄，只要有志气，什么都学得好，我有意收你为徒，你可以在我家一面读书，一面卖画养家。"芝木匠听了，激动万分，立即向胡沁园深深地三鞠躬，九叩首，行了大礼。从此，齐纯芝在胡家住下，"烧松烟以夜读，步落月而晨吟"，潜心钻研诗词书画。胡沁园是书香门第，教育子侄外甥和家人不得对纯芝有任何怠慢冷落的表现，并准备了 15 担谷、300 两银子，命几个力夫送到他家，解除其后顾之忧。

　　胡沁园为便于齐纯芝将来作画题诗，给他取了几个名字。胡沁园对为齐纯芝授课的陈少蕃先生说："按照老习惯，在授课前需要给纯芝取个名、取个号，是不是取个璜字，斜玉旁的璜。"陈说："好，有意思，半璧形的玉。取个什么号呢?""你看，濒生如何?""不错，湘江之滨生，湘江之滨长。"胡沁园说："画画恐怕还要取个别号。纯芝的家离白石铺近，就叫白石山人吧!"从此，"齐白石"这个名字，伴随着他辉煌的艺术生涯，传遍了祖国大江南北，传遍了五洲四海。

　　一次，齐白石精心画了两幅画:一幅是《耕牛图》，意思是像牛一样老老实实耕读在砚池里;一幅是《兰竹园》，兰气飘溢，意思是虚心学习永不骄傲。他将这两幅画挂在室内,又写了一个条幅,上面写着"甑屋"两个大字。意思是说可以吃得饱了,不像以前那样锅里总是空空的了,心里也踏实了。齐白石61岁定居北京后,为了永远不忘这段艰辛学画生涯,他又在自己的住处布置了一间屋,取名"甑屋",在匾额上写着:"余未成年时喜写字,祖母尝太息曰:'汝好学,惜来时走错了人家。俗语云:三日风,四日雨,哪见文章锅里煮!明朝无米,吾儿奈何!'后二十年,余尝得写真润金买柴米,祖母又曰:'哪知今日锅里煮吾儿之画也。'匆匆余六十一矣,犹卖画于京华,画屋悬画于四壁,因名其屋为甑,其画作为熟饭以活余年,痛祖母不能同也。"这是齐白石卖画养家的真实写照。

1895年,31岁的齐白石被诗友们推选为龙山诗社社长,向他求画的也越来越多。一天,齐白石正在裱画以便送人,开始上浆时,胡沁园来了,他看到那幅画很满意,觉得题词落款也好,但总感到这幅画中还缺点什么,就问:"濒生,你怎么不落印呢?不要以为只要把画画好就是好作品,印在每幅画中能起关键作用,中国画是以诗书画印为一体的姐妹艺术,印在艺术中也是一个门类,学问深着呢!"后来,胡沁园送给齐白石几方寿山石,要他去陈家垅找长沙来的那位刻印的名家丁可钧刻方印自备。齐白石把寿山石送去时,丁可钧爱理不理,齐白石把石头放在刻桌上就走了。第二天他去接章,连叫三声"丁师傅"也不见答话,齐白石气了,大声叫了一下,丁才回过头,把那方寿山石往齐白石身上一扔,说:"拿回去磨平再来。"齐白石为这方石磨磨送送已是5次了,他再也忍不住,一气之下把石章拿了回去。晚上,他用修脚刀自刻一方印,叫"死不休"闲印章。

1914年5月22日,被齐白石称为"半为知己半为师"的胡沁园不幸逝世。噩耗传来,齐白石失声恸哭。他参照旧稿,画了20多幅为恩师生前赏识过的画,并亲手裱好,拿到胡沁园灵前焚化,还作了14首七绝、1篇祭文和1副挽联,表达对恩师的深切哀悼。挽联写道:"诱我费尽殷勤,衣钵信真传,三绝不愁知己少;负公尤为期望,功名应无分,一生长笑折腰卑。"这既是对恩师的悼念,也是自我勉励。

梅兰芳与老师们

　　1894年,梅兰芳出生于北京的一个京剧世家。他的祖父、父亲和伯父都是当时有名的京剧艺人。梅兰芳8岁学艺,从11岁起开始登台表演,他对京剧艺术刻苦钻研并不断实践,最终继承并发展了京剧传统艺术,形成了风格独具的"梅派"。可你知道"梅兰芳"这个艺名的来历吗?这还得从一位富商牛子厚说起。

　　牛子厚是吉林的一位大商人,资财非常雄厚,他有一个最大的爱好,就是京剧。牛子厚不仅酷爱京剧,而且对京剧艺术还很有研究,每当宴请宾客时,他常常请戏班子唱戏助兴。后来,他结识了京城戏班艺人叶春善,便与叶春善商量,打算办一个新的戏班,由自己出钱,由叶春善负责在北京招徒组班,在北京、吉林两地轮番演戏。叶春善对这个主意非常赞成,回京后就张罗组建戏班,并将戏班命名为"喜连成"班。

　　由于叶春善的演技精湛,为人又正派,所以"喜连成"戏班创立后不久便享誉京华。当时,少年梅兰芳也在戏班子学戏,他那时的艺名叫梅喜群。在名角济济的"喜连成"班,梅兰芳虚心请教、刻苦练功,深得叶春善的喜爱。1908年,叶春善率"喜连成"戏班到吉林演出。一天早上,叶春善和牛子厚二人来到戏班驻地附近的一座小山坡上散步,他们俩边走边闲谈。忽然,牛子厚发现不远处有一个人在小树林里练剑,只见那人体态轻盈、动作敏捷,那剑被他舞得寒光闪闪,风声嗖嗖,把自己围在水泼不进的弧光圈里。牛子厚顿时被那人的精妙剑法惊呆了,他是个京剧行家,曾观赏过不少武术高手的表演,但像今天见到的这样绝伦剑技还是不多,于是他停住脚步,情不自禁地连连拍手叫好。那舞剑人听到有人喝彩，连忙把剑收住，两颊绯红，他用手帕揩拭额头沁出的细密汗珠，然后恭敬地向牛子厚躬身施礼："牛老板，喜群献丑了。"

牛子厚走到近前定睛细看，只见面前这个年轻人仪表堂堂，气度潇洒，举止端庄，他心里暗想："这真是个挑大梁的料子。"便转身问叶春善："这位年轻人可是你戏班中的？"

叶春善答道："是我们戏班中的，他叫梅喜群。"

"哦"，牛子厚微微点了点头，便继续向叶春善询问年轻人的来历。叶春善告诉牛子厚，这位年轻人乃是艺人世家出身，带艺入班。

牛子厚沉吟良久，说："这孩子相貌举止不俗，日后必成大器。我看给他更名'梅兰芳'如何？"叶春善师徒二人欣然同意。从此，"梅兰芳"这个艺名就伴随了他终生。一次演出时，叶春善有意安排14岁的梅兰芳饰演白蛇传中的重要配角——青蛇，梅兰芳那柔美的身段和精湛的一招一式，使演出大获成功，由此"梅兰芳"这个名字也一炮打响，在戏迷中广为传扬。

如今人们提起梅兰芳，都喜欢用"天才"这个词，甚至还有人说，他生来就是唱京剧的，是为京剧而生。其实，梅兰芳在最初学戏的时候，并没有表现出超过同辈的机敏和灵气，相反倒是显得有些木讷，甚至还有些"迟钝"，以致让包括家人在内的许多人都很失望。梅兰芳在其著作《舞台生活四十年》里，也评价自己在少年时代"言不出众，貌不惊人"。为什么这样说呢？因为梅兰芳当时有好几个不利条件：一是他在小时候嗓子听上去声音不亮，也不宽，嗓音条件很一般；二是他的脸型基本上是一张圆脸，并不是做演员的最佳脸型；三是他的眼睛近视，由于眼珠转动不灵活，有时还会迎风流泪，因此眼睛看上去没有神采。除了这些之外，还有更糟糕的，就是他行事反应迟钝，总要比一般人慢半拍，而且他不擅言辞，笨嘴拙舌。要知道，演员吃的是"开口饭"，师傅总希望徒弟伶牙俐齿，反应灵敏，可梅兰芳就显得比较木讷。

梅兰芳八岁时,他的伯父梅雨田请著名小生演员朱素云的哥哥朱小霞到家里来教戏。当朱小霞到梅家看到梅兰芳的基本条件后,觉得有点儿失望,可他还是努力教了一段时间。朱小霞在教梅兰芳学戏时,知道他领会得比较慢,就先教他一些最基础的唱段,可即便这样,梅兰芳还是唱不下来,往往一句唱词朱小霞反复教他好多遍后,他还是唱不好。开始时,朱小霞还耐着性子,可终于有一天他对梅兰芳彻底失去了信心,指着他说:"算了吧,我看祖师爷没给你这碗饭吃!"说完就拂袖而去,从此再也不教梅兰芳了。

　　梅兰芳的心被朱先生的话深深地刺痛了,他心里想:"凭什么说我不能吃这碗饭呢?你说我做不到,我偏要争这口气,学好戏,做个样子给你们看看。"从那以后,梅兰芳就憋着一股劲,全身心地投入学戏。虽然学戏很苦,他也曾想过打退堂鼓,但只要一想到朱先生的那句话,他就又鼓足勇气继续坚持下去。梅兰芳成功后,有一次在后台遇到了朱小霞,朱小霞为当年的事感到非常抱歉,便打招呼说:"对不起,当年我有眼不识泰山……"梅兰芳则诚恳地说:"先生快别说了,没有您那顿骂,我就没有今天。"

　　对于梅兰芳来说,真正发掘他潜力的是吴菱仙。或者说,吴菱仙才是梅兰芳真正意义上的启蒙老师。吴菱仙是著名的"同光十三绝"之一时小福的弟子,当时已年逾五十。吴菱仙和血气方刚的朱小霞相比,更加有耐心。此外,吴菱仙早年还曾得到过梅兰芳的祖父梅巧玲的帮助。当年,他曾在梅巧玲的"四喜班"里唱戏,有一次家里遭到意外,急需用钱,可是他兜里又没有,想跟别人借,又不好意思开口,正在他走投无路、进退两难的时候,被梅巧玲知道了,梅巧玲很想帮助他,又不能当着诸位同仁的面让他难堪,于是有一天,梅巧玲找到一个机会,他远远地朝吴菱仙扔过去一个小纸团儿,嘴里说着:"菱仙,给你一颗槟榔果吃!"吴菱仙把所谓的"槟榔果"拣起来,打开来一看,原来是一张银票。正因为有这么一段隐情,所以吴菱仙也希望能尽心尽力地教导梅兰芳,以报答梅巧玲当年的资助之恩。当然更重要的是,吴菱仙凭借他多年教戏的经验,认为在小梅兰芳身上隐藏着一种潜力,一种完全能够将京剧学好的潜力。

吴菱仙是一位心地极为善良的老人,尽管他当时年老体弱,但仍然坚持每天一大早就带着梅兰芳到公园里练嗓子,一练就是两个多小时,练完后再带梅兰芳回家吃早饭。吃完早饭,吴菱仙便开始教梅兰芳学戏,在每次教戏之前,他总是要把剧情梗概向梅兰芳介绍一遍,让他对戏的背景知识有一个大概的了解,然后再教梅兰芳背诵唱词,待他将唱词背得滚瓜烂熟后,最后再教唱腔。梅兰芳理解了唱词,学起唱腔来就容易多了。

吴菱仙认为只有打牢坚实的基础,以后学的东西才不至于走样,就算时间再长也不会被遗忘。对有些比较难上口的唱段、唱腔,吴菱仙更是要求精益求精。他为了让梅兰芳的基本功学得扎实,在桌上摆放着十枚刻着"康熙通宝"的白铜制钱,梅兰芳每唱完一遍,他便取下一枚铜钱,放在一边的漆盘内,直到十枚铜钱全部取完。然后,他再将铜钱放回原处,重新开始。就这样,每段唱腔梅兰芳至少要唱上几十遍。那时,教戏师傅手里都拿着一块木条——"戒尺",这是打节奏用的,也是用来打学生的。梨园弟子学戏,挨老师的板子是家常便饭,然而梅兰芳即使学得再慢,吴菱仙手里的戒尺也从未打过他。

就这样,在吴菱仙的悉心指教下,梅兰芳的表演潜力终于一点一点地被开发出来了。

不过,在前文中我们说过,梅兰芳有一些天赋方面的缺陷,比如眼睛轻度近视,容易迎风流泪,而且缺乏灵活的眼神等。那么,他是如何通过勤学苦练克服这些缺陷的呢?梅兰芳想了一个好办法——养鸽子。梅兰芳在家里养了几对鸽子,每天清早,他就起床去给鸽子喂食,然后把鸽子放飞,待鸽子越飞越高,越飞越远时,他便抬头远望,眼球随着鸽子运动而运动,直到鸽子飞入遥远的天际。有时候,别人养的鸽子混进了自己的鸽群,梅兰芳就要努力分辨,哪些是自己的,哪些是别人的。不知不觉,他的眼珠转起来更加灵活了,近视的毛病也渐渐地好了。

在梅兰芳学艺的道路上,除了得到吴菱仙等名师的悉心教导外,还曾受到过谭鑫培等前辈的提携和帮助。谭鑫培是清末民初北京城戏曲界最大的腕儿,他与梅兰芳的祖父、伯父颇有渊源。在一次演出中,谭鑫培本应与陈德霖合演《桑园寄子》,可是这一天陈德霖有事不能登台,于是谭鑫培就点名要梅兰芳代替。梅兰芳抓住了这次机会,第一次合作使得谭鑫培很满意,愿意继续合作。后来,梅兰芳还陪谭鑫培演了《汾河湾》和《四郎探母》。与谭鑫培这样的大师同台演出,让梅兰芳的进步飞快。

我们前面说过,梅兰芳少年时代学戏较慢,很大一个原因就是反应有点迟钝。于是谭鑫培有意在舞台上锻炼他,提高他在舞台上随机应变的能力。有一次,谭鑫培和梅兰芳合作表演《汾河湾》。这出戏的主要情节是:唐初名将薛仁贵投军后,妻子柳迎春生下了儿子薛丁山。薛丁山长大后,因为家境贫困,所以每天靠打猎谋生。有一天,薛仁贵衣锦还乡,行至汾河湾,正好遇到薛丁山打雁,可是薛仁贵并不认识薛丁山。这时,突然出现一只猛虎,薛仁贵怕虎伤人,急发袖箭,不料却误伤了薛丁山,薛仁贵遂仓皇逃去。后来,他来到寒窑和妻子柳迎春相会,历述别后情景,这时他才知道,原来刚才误伤的就是自己的儿子薛丁山,夫妻俩悲伤不已,哭着奔向了汾河湾。剧中,谭鑫培扮演阔别家乡十八年的将军薛仁贵,梅兰芳扮演薛仁贵的妻子柳迎春,薛仁贵和柳迎春在寒窑中要有两段对答。薛仁贵:"口内饥渴,可有香茶,拿来我用?"柳迎春:"寒窑之内,哪来的香茶,只有白滚水。"薛仁贵:"拿来我用。"这是第一段,接着第二段：薛仁贵："为丈夫腹中饥饿，可有好饭好菜，拿来我用？"柳迎春："寒窑之内，哪里来的好饭好菜，只有鱼羹。"薛仁贵："什么叫做鱼羹？"柳迎春："就是鲜鱼做成的羹。"薛仁贵："快快拿来我用！"

这出戏的对白就是这样的，而且平时谭鑫培和梅兰芳在排练时也是这么念的，可当登台演出的时候，梅兰芳在念完"只有白滚水"后，谭鑫培没有像往常一样接"拿来我用"，而是加问了一句："什么叫做白滚水？"梅兰芳愣住了，心想："原本没有这句词儿啊？"但他马上就反应过来，回答说："白滚水就是白开水。"谭鑫培这才说："拿来我用。"

接下来，谭鑫培扮演的薛仁贵又问："为丈夫腹中饥饿，可有好饭好菜，拿来我用？"梅兰芳扮演的柳迎春回答："寒窑之内，哪里来的好饭好菜，只有鱼羹。"可是，在梅兰芳念到"寒窑之内，哪来的好饭好菜"之后，谭鑫培没等他"只有鱼羹"四个字出口，又追加了一句："你与我做一碗'抄手'来！""抄手"本来是我国西南地区对馄饨的叫法，如果此时梅兰芳回一句"无有，只有鱼羹"，戏倒也能顺顺当当地演下去，可那天是在北京演出，台下的北京观众多半不明白"抄手"究竟是什么东西，这时梅兰芳愣了一下，马上回问一句："什么叫做'抄手'啊？"谭鑫培回答说："真是乡下人，连'抄手'都不懂。'抄手'就是馄饨啊！"梅兰芳这才接着说："无有，只有鱼羹"。两人的对白天衣无缝，连台下的观众都没有听出破绽来。

梅兰芳深谙"功夫在诗外"的道理，他在努力提高舞台表演技巧的同时，还非常注意提高自己的艺术修养。梅兰芳自幼年起就边学艺边学习绘画，成名之后他也没有放弃绘画。梅兰芳经常和朋友们说："从事戏曲表演的人要学习绘画，这样能够提高自己的艺术修养，改变自己的气质。我们应该从画中吸取养料，把它运用到表演中去。"为了学好绘画，梅兰芳曾先后拜当时著名的画家齐白石、丰子恺、陈世曾、吴昌硕、刘海粟等人为师,向他们学习绘画技巧。梅兰芳拜齐白石为师学画时,已经在戏曲界相当有名气了,人们都认为他只不过是摆摆样子而已,哪还能潜心画画呢?就连齐白石本人也对他说:"你这样有名,叫我一声师傅就是抬举老夫了,就别提什么拜师不拜师的了。"可是梅兰芳坚持一定要举行拜师仪式,还行了跪拜大礼。拜师后,梅兰芳学画也特别认真,那一段时间里,只要不是排练和演出,他不管刮风下雨,都要按时到齐白石家登门学画。

有一次,齐白石到一位达官显贵家参加堂会,由于他这天穿着朴素,毫不起眼,又与众多身着锦罗绸缎的达官贵人不相熟,便独自坐在角落里。正在这时,梅兰芳在众人的簇拥下缓步而入,满座宾客见梅兰芳到来,一下子都站起来欢迎,争先恐后地与他握手。梅兰芳在满室喧嚣声中,突然瞥见齐白石孤单单地坐在一旁,他立即挤出人群向齐白石走过去,恭恭敬敬地鞠躬并问候道:"老师,您好!"然后他搀起齐白石,将他扶到前排坐下。这一场景令在座者大为惊讶,人们相互询问:"这老头儿是什么人呀?连鼎鼎大名的梅兰芳也对他如此恭敬?"梅兰芳则大声地向众人介绍说:"这是名画家齐白石先生,是我的老师!"顿时,众宾客都对齐白石另眼相看了。齐白石为此很受感动,回去后就此事画了一幅雪中送炭图,并赋诗赠给梅兰芳留念:

> 曾见先朝享太平,
> 布衣蔬食动公卿。
> 而今沦落长安市,
> 幸有梅郎识姓名。

梅兰芳收到画和诗后也很感慨,他认为学生敬师乃天经地义,却蒙齐白石如此感激,他觉得心中不安,也给齐白石回了一首诗:

> 师传画艺情谊深,

学生怎能忘师恩。

世态炎凉虽如此，

吾敬我师是本分。

　　从此，梅兰芳尊师爱师的美名在文艺界流传开来。梅兰芳除了向各位艺术大师请教、学习外，对任何人提出的意见也都虚心接受、采纳。有一次，他在大戏院演出京剧《杀惜》，当演到精彩处时，场内喝彩声不绝。这时，从观众席中却传来了一声："不好！"梅兰芳循声看去，见是一位衣着朴素的老人。散场之后，梅兰芳找到那位老人，恭敬地说："说我不好的人才是我的老师。老人家，您刚才说我演得不好，必定有高明的见解，请赐教！"那位老人见梅兰芳如此谦恭知礼，便认真地指出："剧中人阎惜姣上楼与下楼的台步，按规矩应该是上七下八，你为何演成八上八下？"梅兰芳一听恍然大悟，他深感是自己疏漏了，于是连声称谢。以后，梅兰芳每到这个地方演出，必请老者前排就座观看并给予指正。梅兰芳的谦虚大度，不仅使自己的艺术造诣更进一步，也使自己的德行操守胜人一筹，备受敬崇。

李可染四十岁拜师

　　1946年，李可染艺术生涯中的又一关键时刻出现了，两份聘书同时送达他的手中。一份是母校杭州国立艺专发来的聘书，一份是徐悲鸿请他去北平国立艺专的聘书。李可染对母校感情深厚，回母校工作可以了他的心愿。而后者却更有吸引力，北平是中国文化古城，有故宫藏画，还有李可染素来仰慕的大师齐白石、黄宾虹。在当时的李可染心中，北平几乎就是一流艺术的代名词，于是他选择北上。此时李可染40岁，已多次举办画展，获得徐悲鸿、郭沫若、田汉、沈钧儒等名家的广泛好评，在中国画坛已有较高声誉。到北平不久，经徐悲鸿引荐，李可染见到了心仪已久的80多岁高龄的齐白石，表达了自己想拜师求教的心情。1947年春，李可染带了20张画第二次拜见齐白石，由此引出一段动人的故事。

　　当时，齐白石正在躺椅上养神，画送到手边，他便顺手接过。起初他还是半躺着看，待看了两张以后，他已不由自主地坐了起来，再继续看，齐老眼里放出亮光，身子也随着站了起来，边看边说："这才是大写意呢！"齐白石晚年有个习惯，认画不认人，看完画以后，他将注意力转移到李可染身上，问："你就是李可染？"李可染忙答应。齐老高兴了，赞许道："30年前我看到徐青藤真迹，没想到30年后看到你这个年轻人的画。"徐青藤即徐渭，是明朝著名的花鸟、山水画家，其画以用笔豪放恣纵、潇洒飘逸，名重一时，对后世亦有极大影响。齐白石生平十分推崇徐渭，由此可见他对李可染的赏识。接着，齐老满含深意地说："但我看你的画像是写草书，我一辈子都想写草书，可我现在还在写正楷……"就这样，二人以画为桥，一下子变得十分亲近。李可染告辞时，齐老留他吃饭，李可染再三推辞，齐老动了气，对正要迈出门槛的李可染大声说："你走吧！"这时，齐老家人示意，李可染你要听齐老的，留下吧。从此，齐白石与李可染结下不解之缘。

　　李可染对拜师一事非常看重，认为拜师仪式必须郑重其事，所以拖了一段时间。齐白石却等不及了,有一次他问李可染:"你愿不愿拜师?"李可染忙说:"您早就是我的老师了。"齐白石会错了意,心情郁闷,不时地对身边的护士念叨:"李可染这个年轻人,他不会拜我做老师的,他的成就,将来会很高。"这话传到李可染耳中,他急忙去见齐老,解释原因。齐老心直口快,连声说:"什么也不需要,什么也不需要。"李可染茅塞顿开,当天在齐老第三子齐子如陪同下执弟子礼。齐白石连忙站起,扶李可染起来,高兴之余,眼睛都有点湿润了,喃喃地说:"你呀,是一个千秋万世的人哪!"此后,李可染便正式成为齐白石的得意弟子,10年功夫,尽得老师艺术精髓。

齐白石将晚年收弟子视为人生一大快事,对李可染十分推重。他曾画《五蟹图》送给李可染,上面题句:"昔司马相如文章横行天下,今李可染弟书画可以横行也。"李可染画了一幅写意人物《瓜架老人图》,画的是一位老人在瓜架下乘凉打盹,整幅画超脱秀逸,卓尔不群。齐老看后,连连称赞,题句曰:"可染弟画此幅,作为青藤图可矣。若使青藤老人自为之,恐无此超逸也。"还在《耙草歇牛图》上题:"心思手作,不愧乾嘉间以后继起高手,八十七岁白石丁亥。"

李可染对齐老有深厚的感情,直到晚年仍念叨着老师。他多次提及:"我在齐白石老师家学画10年,主要学他的创作态度和笔墨功夫。""我从师齐白石,最大的心得是线条不能快。好的线条要完全主动,要完全控制,控制到每一点,达到积点成线的程度。"他学的是齐师的精髓,却不是所画题材。常入齐老画面的虾、蟹之类便很少出现在李可染画中。他在画《雨亦奇》时倒是想到齐老的《雨余山》,但齐白石用的是点法,李可染则借用水彩及没骨花卉中的染法,刻画得相当柔和,充分描绘出"如丝如雾湿人衣"的江南细雨。

华罗庚难忘恩师

华罗庚，中国著名数学家，江苏金坛人。早年去英国剑桥大学作学术访问。1946 年去美国，曾任普林斯顿数学研究所研究员、伊利诺伊大学教授。新中国成立后，曾任清华大学教授、中国科学院数学研究所所长等职，1985 年 6 月在日本东京讲学，因心脏病发而逝世。

教育家、翻译家王维克先生，是华罗庚数学天才的第一个发现者。华罗庚成名之后，不止一次地说过："我能取得一些成就，全靠我的老师栽培！"

1947 年，华罗庚从国外回来，马上赶回故乡看望王维克老师。那年夏天，他在金坛就邀作了一次学术报告。报告前，他特地把王维克先生请到主席台上。进会堂的时候，华罗庚一定要王维克老师走在他前面。就座时，也只肯坐在王老师的下首。

全国解放后，华罗庚被任命为中国科学院数学研究所所长。他几次亲自到王维克先生的北京寓所探望，并邀请他到科学院工作，后来，王先生由他推荐在北京商务印书馆担任了编审员，使这位教育家、翻译家能为新中国贡献力量。

1950 年的一天，华罗庚见到王维克老师给他的信，马上就提笔复函，起首第一句就是："归后，见书函盈尺，但不能不先复吾师……"1952 年4 月 4 日，王维克不幸患胃癌病逝金坛。华罗庚十分悲痛，他一面给陈淑师母写信，深表哀悼；一面又重托他在金坛的子舅吴洪年代他到老师的灵前默哀。以后，他便一直像亲人似的热心照护陈淑师母及王维克的子女。

1980 年 5 月 21 日，华罗庚到江苏推广"优选法"与"统筹法"，又回到金坛故乡。当记者问及他此行金坛主要有哪些活动后，他直率而爽朗地笑着回答说："我这次回金坛，第一件事是看望陈淑师母。第二件事是去母校看看。"他一到县委招待所住下，就特地请人把陈淑师母接到所里，一见面就用地道的金坛话亲切地喊道："师母好！"此后，他又扶师母坐下，让记者摄下了那愉快的镜头。当陈淑师母把一本新版的王维克先生的重要译著——但丁的《神曲》签上自己的名字赠给华罗庚教授时，华罗庚十分动情地说："谢谢！谢谢！这是王老师的心血啊！"

张乐平不忘师恩

三毛之父张乐平，是中国当代最杰出的漫画家之一。1923年，少年张乐平创作了平生第一张漫画《一豕负五千元》，在当地名噪一时。20世纪30年代初期，他经常在《时代漫画》等刊物上发表漫画作品，逐渐成为上海漫画界较有影响的一员。1935年起创作了长篇连环漫画《三毛》，以三毛这一典型形象深刻地表现了旧中国流浪儿童的苦难生活，揭露了不合理的社会制度，在读者中产生了强烈反响。

张乐平读高小时才有了笔和墨，他很高兴，课余闲暇勾画得十分起劲，深受美术教师陆寅文的喜欢。那年，大军阀曹锟靠买议员们的票，当了共和大总统，受到全国人民的唾骂。陆寅生就出题《一豕负五千》为题，叫张乐平作画，并告诉张乐平这种画法叫漫画。

这就是张乐平漫画人生的第一步。从此，张乐平就喜欢上了这种无拘无束、形散神聚的技巧画法，并走上了一条光明大道。他潜心以学，不断创新，积累画技，终于绘制出了《三毛流浪记》这本不朽的漫画集，震惊了画坛，一举成名。但他发表《三毛流浪记》这本漫画集时，用的名字是张乐平，而他在学校时叫张升。所以他与老师尽管同居上海，但陆寅生始终不知道张乐平就是他教过的学生张升。

五十多年来，张乐平对教他画第一幅漫画的启蒙老师念念不忘，四处打听老师的下落。1983 年 3 月，张乐平终于打听到了陆老师的下落，于是便拎着蛋糕，上门看望 54 年没有见面的小学老师。这使已八十多岁的陆寅生老师非常感动，他把 72 岁的张乐平仔仔细细地打量了一番，连说："原来张乐平就是张升呀！我是《三毛流浪记》的忠实读者，但几十年来一直不知道张乐平就是你。'师道之不传也久矣'，你能想着我，不容易啊！"张乐平诚恳地说："我的第一幅漫画是你教我画的，我一直没有忘记你。"张乐平的尊师之情使陆寅生老师激动得热泪盈眶。

柏拉图和苏格拉底

柏拉图,是古希腊的哲学家,也是西方哲学界乃至整个西方文化界最伟大的哲学家和思想家之一。他与苏格拉底、亚里士多德并称为"古希腊三大哲学家"。

柏拉图出身于雅典的一个大贵族家庭。他的原名叫阿里斯托勒斯,因其自幼身体强壮,胸宽肩阔,所以体育老师就替他取了"柏拉图"一名。"柏拉图"在希腊语中的意思为"宽阔"。渐渐地,阿里斯托勒斯的真实姓名被人们淡忘了,而"柏拉图"这个名字却被沿用下来,一直流传至今。

柏拉图在青年时期和其他贵族子弟一样,受到过良好的教育,并接触到当时的各种思潮,但对柏拉图一生影响最大的是苏格拉底。柏拉图 20 岁时就拜苏格拉底为师,跟他学习了整整 10 年。

苏格拉底是一个有大智慧的人。早在苏格拉底还是单身汉的时候,他和几个朋友一起住在一间只有七八平方米的小屋里,尽管生活非常不便,但他一天到晚总是乐呵呵的。"真奇怪,你们那么多人挤在一起,连转个身都困难,有什么可乐的?"有个人禁不住问他。"噢,这你就不懂了,和朋友们在一块儿,随时都可以交换思想、交流感情,这难道不是很值得高兴的事情吗?"苏格拉底回答说。

过了一段时间,那几个朋友都相继成家搬出去住了,空荡荡的屋子里只剩下苏格拉底一个人,但是他每天仍然很快活。"现在只剩下你自己了,一个人孤孤单单的,还有什么好高兴的呢?"那个人又问。"可我还有很多书呀! 一本书就是一个老师,我和这么多老师在一起,时时刻刻都可以向它们请教,这怎能不令人高兴呢?"苏格拉底认真地说。

几年后,苏格拉底也结了婚,搬进了一座七层的大楼里。他的家住在底层,是这座楼里环境最差的,不仅上面住户老是往下泼污水,丢死老鼠、破鞋子、臭袜子和杂七杂八的脏东西,而且窗外每天车马来往,噪音不断,但苏格拉底还是一副自得其乐的样子。"难道你住在这样的房间里也感到高兴吗?"那个人又好奇地问。"当然。你不知道住在一楼有多少妙处啊! 比如,进门不用爬很高的楼梯;搬东西进屋不必花很大的劲儿;朋友来访也容易,用不着一层一层地去叩门询问。还有,特别让我满意的是,可以在空地上栽一丛一丛的花,种一畦一畦的菜……这些乐趣真是数之不尽啊!"苏格拉底情不自禁地说。

又过了一年,苏格拉底把一层的房间让给了一位朋友,因为这位朋友家里有一个偏瘫的老人,上下楼很不方便。而苏格拉底则搬到了楼房的最高层——第七层,可是他每天仍是快快乐乐的。

得知苏格拉底又从底层搬到了最高层,那个人心里想:"这回看他该怎么说了。"一天,苏格拉底出门,那个人故意追上他,揶揄地问:"先生,你现在住到了第七层,是不是也有许多好处呀?"

"是啊,好处可真不少呢!"苏格拉底停下脚步说,"一是我每天上下楼梯,这是很好的锻炼机会,有利于身体健康;二是高层光线好,看书写文章不伤眼睛;三是住在高层,没有人在头顶上干扰,白天黑夜都非常安静。"

后来，那个人遇到了柏拉图，知道他是苏格拉底的学生，就疑惑地问道："我弄不明白，在旁人看来，你的老师生活的环境如此糟糕，可他为什么总是那么快乐呢？"柏拉图当然了解自己的老师，就告诉那人："决定一个人心情的，不是在于环境，而是在于心境。"

苏格拉底和柏拉图这对师生之间还演绎过许多充满哲理的故事。比如，苏格拉底关于爱情的"麦穗原理"，还有对婚姻的精妙理解。

我们先来说说苏格拉底关于爱情的"麦穗原理"。有一天，柏拉图问苏格拉底："老师，我想请教一下，什么是爱情呢？"

"爱情？哦，你现在去麦田里，从麦田的这头走到那一头，然后给我摘一棵最大、最好的麦穗回来。记住一点，你不能走回头路。"

柏拉图按照老师的要求来到一块麦田。他走着走着，看到一棵又大又好的麦穗，刚想摘下来，抬头一看，发现前面还有好的，他就又往前走，等到了那棵跟前，又看到前面还有更好的……结果就这样一直走下去，直到走出了麦田，他也没有摘到一棵，最后只好两手空空地回来了。

"你怎么没有摘到呢？"苏格拉底问。

柏拉图垂头丧气地回答说："我在麦田里看到一棵又大又好的麦穗，后来看到不远处还有一棵好的，就又向前走，总以为前面还会遇到更大更好的麦穗，结果直到走出麦田也没有摘到一棵麦穗。"柏拉图解释说。

"你不是问我什么是爱情吗？这就是。"苏格拉底说。

还有一次，柏拉图又问苏格拉底："老师，什么是婚姻呢？"

"你到杉树林去走一次，砍伐一棵最完美的树材。记住，你不能走回头路，这一路上你只能砍一棵。"

柏拉图吸取了上回的教训，便充满信心地去了杉树林。半天之后，他疲惫地拖了一棵看起来直挺、翠绿，但枝叶却有点儿稀疏的杉树回来了。

"这就是最好的树材吗？"苏格拉底问他。

"因为您告诉我只能砍伐一棵,于是我在杉树林一直向前走,走了很远很远。当我好不容易找到一棵看似不错的杉树时,却又发现时间和体力已经快不够用了。所以,我也不管是不是最好的,就匆匆砍回来了。"柏拉图说。

这时,苏格拉底告诉他:"这就是婚姻。"

后来,柏拉图又问过老师什么是生活。苏格拉底还是叫他到树林里走一次,可以反复寻找,直到找到最美丽的那朵花。这次柏拉图一去就是三天三夜,迟迟没有返回。最后,苏格拉底只好走进树林里去找他。苏格拉底在树林的深处找到了柏拉图,他正蹲在一簇树丛前,呆呆地看着什么。

"你找到最美丽的花了吗?"苏格拉底问他。

"老师,你看,"柏拉图指着树丛中的一朵花说,"这就是最美丽的花。"

"那你为什么不把它采下来呢?"

"我如果把它采下来,它马上就会枯萎。即使我不采它,它也迟早会枯萎的。所以,我就在它还盛开的时候,守在它旁边,等它凋谢的时候,再找下一朵。这已经是我找到的第二朵最好看的花了。"柏拉图说道。

"看来,你已经懂得生活的真谛了。"苏格拉底满意地朝学生点了点头。

就这样,柏拉图在向苏格拉底求教和思辨的过程中,不断地提高和完善,最终走向成功,成为著名的大哲学家。他的理论也流传千古,泽被后世。

海伦·凯勒和她的老师

1968 年 6 月 1 日下午,美国残障教育家海伦·凯勒在睡梦中去世了,享年 87 岁。

海伦·凯勒 1880 年出生于亚拉巴马州北部一个叫塔斯喀姆比亚的城镇。在她一岁半的时候,一场重病夺去了她的视力和听力,接着,她又丧失了语言表达能力。然而就在这黑暗而又寂寞的世界里,她竟然学会了读书和说话,并以优异的成绩毕业于美国拉德克利夫学院,成为一个学识渊博,掌握英、法、德、拉丁、希腊五种文字的著名作家和教育家。她走遍美国和世界各地,为盲人学校募集资金,把自己的一生献给了盲人福利和教育事业。她赢得了世界各国人民的赞扬,并得到许多国家政府的嘉奖。

一个聋盲人要脱离黑暗走向光明,最重要的是要学会认字读书。而从学会认字到学会阅读,更要付出超乎常人的毅力。海伦是靠手指来感受老师莎莉文的嘴唇,用触觉来领会她喉咙的颤动、嘴的运动和面部表情,而这往往是不准确的。她为了使自己能够发好一个词或句子,要反复地练习,但海伦从不在失败面前屈服。

从海伦 7 岁受教育,到考入拉德克利夫学院的 14 年间,她给亲人、朋友和同学写了大量的信。这些书信,或者描绘旅途所见所闻,或者倾诉自己的情怀,有的则是复述刚刚听说的一个故事,内容十分丰富。在大学学习时,许多教材都没有盲文本,要靠别人把书的内容拼写在她手上,因此她预习功课所花的时间要比别的同学多得多。当别的同学在外面嬉戏、唱歌的时候,她却在花费很多时间努力预习功课。

海伦能够走出黑暗,达到那么高的学术成就,除了靠她自己的顽强毅力之外,同她的老师莎莉文的循循教导是分不开的。她说,"我的老师安妮·莎莉文来到我家的这一天,是我一生中最重要的一天""她使我的精神获得了解放"。是她的老师教她认字,使她知道每一事物都有个名字,也是老师教她知道什么是"爱"这样抽象的名词。海伦幼年得病致残后,变得愚昧而乖戾,几乎无可救药,但后来她却成为一个有文化修养的大学生,这确实是个奇迹。可以说这个奇迹有一半是海伦的老师安妮·莎莉文创造出来的,是她崇高的献身精神和科学的教育方法结出的硕果。莎莉文小姐不管教海伦什么,总是用一个很好听的故事,或是一首诗来讲清楚,她的教育经验十分丰富,教育方法也与众不同,她从不把海伦关在房间里进行死板的、注入式的课堂教育。

海伦用顽强的毅力克服生理缺陷所造成的精神痛苦。她热爱生活,会骑马、滑雪、下棋,还喜欢戏剧演出,喜爱参观博物馆和名胜古迹,并从中得到知识。她 21 岁时,和老师合作发表了她的处女作《我生活的故事》。在以后的 60 多年中她共写下了 14 部著作。

麦克斯韦不忘恩师

　　麦克斯韦8岁那年,母亲去世,但在父亲深情的关照和详尽的指导下,加上自己的勇气和求知欲,麦克斯韦的童年仍然充满着美好。当他10岁进入爱丁堡中学读书时,衣着土里土气,带着浓重的乡下口音,在班里受到出身名门的富家子弟的嘲笑、欺侮,他们叫他"乡巴佬",但他十分顽强,勤奋学习,不受干扰,很快就显示出自己的才华,扭转了别人的看法。他在全校的数学竞赛和诗歌比赛中都取得了第一名,成了有名的"神童"。"神童"不是天生的,是他强烈的求知欲望和刻苦钻研的结果。

　　麦克斯韦从小就有很强的求知欲和想象力,爱思考,好提问。据说在他两岁多的时候,有一次爸爸带他上街,看见一辆马车停在路旁,他就问:"爸爸,那马车为什么不走呢?"父亲说:"它在休息。"麦克斯韦又问:"它为什么要休息呢?"父亲随口说了一句:"大概是累了吧?""不",麦克斯韦认真地说,"它是肚子疼!"还有一次,姨妈给麦克斯韦带来一篮苹果,他一个劲地问:"这苹果为什么是红的?"姨妈不知道怎么回答,就叫他去玩吹肥皂泡。谁知他吹肥皂泡的时候,看到肥皂泡上五彩缤纷的颜色,提的问题反而更多了。上中学的时候,他还提过像"死甲虫为什么不导电""活猫和活狗摩擦会生电吗"等问题。父亲很早就教麦克斯韦学几何和代数。上中学以后,课本上的数学知识麦克斯韦差不多都会了,因此父亲经常给他开"小灶",让他带一些难题到学校里去做。每当同学们欢蹦乱跳地玩的时候,麦克斯韦却进入了数学的乐园,他常常一个人躲在教室的角落里,或者独自坐在树荫下,入迷地思考和演算着数学难题。

　　麦克斯韦在上课的时候,总是认真听讲,积极思考。他不但爱提一些别出心裁的问题，而且还能纠正老师讲课中出现的错误。据说有一次，他发现一位讲师写的公式有错误，立即站起来作了报告。老师很自信，挖苦地说："如果是你对了，我就把它叫做麦氏公式！"后来老师回家一验算，果然是麦克斯韦对了。

19岁的麦克斯韦初到剑桥，一切都觉得新鲜。这一时间，麦克斯韦专攻数学，读了大量的专门著作。不过，他读书不大讲系统性。有时候，为了钻研一个问题，他可以接连几个星期什么事都不干；有时候，他又可能见到什么读什么，漫无边际。

这个善于学习和思考的年轻人，需要名师点拨，才能放出异彩。幸运的是，一次偶然的机会，麦克斯韦果然遇到了一位好老师，这就是霍普金斯。霍普金斯是剑桥大学数学教授，一天，他到图书馆借书，他要的一本数学专著不巧被一位学生先借走了。那书一般学生是不可能读懂的，教授有些奇怪。他询问借书人名字，管理员答道"麦克斯韦"。教授找到麦克斯韦，看见年轻人正埋头摘抄，笔记本上涂得五花八门，毫无头绪，房间里也是乱七八糟的。霍普金斯不禁对他发生了兴趣，诙谐地说："小伙子，如果没有秩序，你永远成不了优秀的数学家。"从这一天开始，霍普金斯成了麦克斯韦的指导教授。

霍普金斯很有学问，培养过不少人才。麦克斯韦在他的指教下，首先克服了杂乱无章的学习方法。霍普金斯对他的每一个选题，每一步运算都要求很严。这位导师还把麦克斯韦推荐到剑桥大学的尖子班学习，这个班由有多方面成就的威廉·汤姆生（开尔文）和数学家斯托克主持，他俩也曾是霍普金斯的学生，数学造诣很高。经这两位优秀数学家的指点，麦克斯韦进步很快，不到三年，就掌握了当时所有先进的数学方法，成为有为的青年数学家。霍普金斯曾对人称赞他说："在我教过的所有学生中，毫无疑问，这是我所遇到的最杰出的一个。"

1854年，麦克斯韦毕业后不久，就读到了法拉第的名著《电学实验研究》。法拉第在这书中，把他数十年研究电磁现象的心得归结为"力线"的概念。法拉第做了一个构思精细、设计巧妙的实验：把铁粉撒在磁铁周围，铁粉就呈现出有规则的曲线，从一磁极到另一磁极，连续不断。法拉第把这种曲线称为力线，他还进一步用实验证明，这种力线具有物理性质。他把布满磁力线的空间称为磁场，而磁力就是通过连续磁场传递的。麦克斯韦完全被书中的实验和新颖的见解吸引住了。法拉第的著作，把他带到一个崭新的知识领域，使他无比神往。

　　一年之后，24岁的麦克斯韦发表了《法拉第的力线》，这是他第一篇关于电磁学的论文。在论文中，麦克斯韦通过数学方法，把电流周围存在磁力线这一特征，概括为一个数学方程。这一年，恰好法拉第结束了长达30多年的电学研究，在科学笔记上写下了最后的一页。麦克斯韦接过了这位伟大先驱手中的火炬，开始向电磁领域的纵深挺进。

　　四年后，在一个晴朗的春天，麦克斯韦特意去拜访法拉第。他们虽然通信几年了，还没有见过面。这是一次难忘的会晤。两人一见如故，亲切交谈起来。

　　阳光照耀着这两位伟人。他们不仅在年龄上相隔四十年，在性情、爱好、特长等方面也颇不相同，可是他们对物质世界的看法却产生了共鸣。这真是奇妙的结合：法拉第快活、和蔼，麦克斯韦严肃、机智。老师是一团温暖的火，学生是一把锋利的剑。麦克斯韦不善于说话，法拉第演讲起来娓娓动听。

　　两人的科学方法也恰好相反：法拉第专于实验探索，麦克斯韦擅长理论概括。

　　在谈话中，法拉第提到了麦克斯韦四年前的论文《法拉第的力线》。当麦克斯韦征求他的看法时，法拉第说："我不认为自己的学说一定是真理,但你是真正理解它的人。"

"老师能给我指出论文的缺点吗?"麦克斯韦谦虚地说。

"这是一篇出色的文章",法拉第想了想说,"可是你不应停留于用数学来解释我的观点,而应该突破它。"

"突破它!"法拉第的话大大地鼓舞了麦克斯韦,他立即以更大的热忱投入了新的战斗,要把法拉第的研究向前推进一步。

麦克斯韦在紧张的研究中,两年的时光过去了。这是努力探求的两年,也是丰收的两年。

1862年,麦克斯韦在英国《哲学杂志》上发表了第二篇电磁论文《论物理的力线》。文章一刊登出来,立即引起了强烈的反响。这是一篇划时代的论文,它与麦克斯韦的第一篇电磁论文相比,有了质的飞跃。因为《论物理的力线》,不再是法拉第观点单纯的数学解释,而是有了创造性的引申和发展。

麦克斯韦从理论上引出了位移电流的概念,这是电磁学上继法拉第电磁感应提出后的一项重大突破。

麦克斯韦并未到此为止。他再一次发挥自己的数学才能,由这一科学假设出发,推导出两个高度抽象的微分方程式,这就是著名的麦克斯韦方程式。这组方程不仅圆满地解释了法拉第电磁感应现象,还作了推广:凡是有磁场变化的地方,周围不管是导体还是介质,都有感应电场存在。方程还证明了,不仅变化的磁场产生电场,而且变化的电场也产生磁场。经过麦克斯韦创造性的总结,电磁现象的规律,终于被他用明确的数学形式揭示出来。电磁学到此才开始成为一种科学的理论。

在自然科学史上,只有当某一科学达到了成熟阶段,才可能用数学表示成定律形式。这些定律不仅能解释已知的现象,还可以揭示出某些尚未发现的东西。正如牛顿的万有引力定律预见了海王星一样,麦克斯韦的方程式预见了电磁波的存在。因为，既然交变的电场会产生交变的磁场，而交变的磁场又会产生交变的电场，这种交变的电磁场就会以波的形式，向空间散布开去。麦克斯韦作出这一预见时，年仅 31 岁。这是麦克斯韦一生中最辉煌的一年。

麦克斯韦继续向电磁领域的深度进军。1865 年，他发表了第三篇电磁学论文。在这篇重要的文献中，麦克斯韦方程的形式更完备了。他采用了一种新的数学方法，由方程组直接推导出电场和磁场的波动方程，从理论上证明了电磁波的传播速度正好等于光速。这与麦克斯韦四年前用实验推算出的结论完全一致。至此，电磁波的存在是确信无疑了！

于是，麦克斯韦大胆地宣布：世界上存在一种尚未被人发现的电磁波，它看不见，摸不着，但是它充满在整个空间。光也是一种电磁波，只不过它可以被人看见而已。

麦克斯韦的预言，震动了整个物理界，麦克斯韦《电磁学通论》的出版，成了当时物理学界的一件大事，第一版几天内就销售一空。

罗蒙诺索夫与恩师

一位来自俄国的青年学生——罗蒙诺索夫,在德国马堡大学的校刊《德国科学》上发表了一篇论文,在文中他批评了自己的导师、当时德国著名学者沃尔夫教授的一个错误观点。他的文章立刻引起了人们的注意,细心的读者还发现,推荐发表这篇论文的正是沃尔夫教授本人。

罗蒙诺索夫从小就热爱科学,立志成为一个探索宇宙奥秘的人,他进入闻名世界的德国马堡大学后,更是发狂般地努力学习。在那里他无止境的求知欲得到了最大的满足。许多时候,他一连几个星期将自己关在实验室里潜心研究。饿了就啃几口已经干了的面包;困了,就靠在椅子上打一个盹儿。他的学习热情和科学天赋引起了沃尔夫的注意,当时沃尔夫已在欧洲科学界有了极高的声望,能跟随他进行学习和研究让罗蒙诺索夫深感荣幸,他十分敬仰自己这位为人谦逊、知识渊博的老师。在沃尔夫的指导下,罗蒙诺索夫取得了长足的进步,而他们在学术观点上的不同也愈来愈明显了。

从不盲从别人的罗蒙诺索夫,向老师大胆地提出自己不同的看法,他的见解得到了向来豁达大度的沃尔夫的尊重和赞扬。沃尔夫尤其欣赏他的敢于创新,勇于提出自己见解的精神。因此,在罗蒙诺索夫毕业时,他极力推荐罗蒙诺索夫留校任教,并表示给他提供良好的科研设备和丰厚的待遇。但罗蒙诺索夫决意回国,他说:"谢谢您的好意。亲爱的老师,但我的全部知识都属于俄罗斯人民,我必须将它毫无保留地献给自己的祖国。"

罗蒙诺索夫回国了,但他永远无法忘记自己的导师沃尔夫。沃尔夫不仅是他科学道路上的导师,也是他生活中的益友,他从心底感激这位事业上的领路人。

法拉第与戴维

    1791 年秋天,他出生在萨里郡纽因顿的一个铁匠家庭,父亲由于体弱多病,不得已将铁铺转让给他人而自己当帮工,他从小就在别人的吆喝声中长大。为了补贴生活,他只读了几年小学就辍学了,还不到 12 岁就开始做报童,次年在一家书店学习。

    一天的劳动之后,大家都筋疲力尽,唯有他一声不吭地找一本自己喜欢的书在暗淡的烛光下苦读。有时,实在是太累了,他就用冷水浇头,还用指甲在手上划过,以保持头脑清醒。渐渐地,他迷上那些奇妙的电的现象,那些化学实验也令他痴迷不已,他常常在工作中傻傻地呆立,脑子里想的都是改善实验的方法。

    当他看到一个伟大的科学家都有自己的实验室时,他也梦想着能有一间自己的实验室,可是这对于他这个穷孩子来说又谈何容易?但他向来就有一股犟脾气,他暗暗发誓一定要拥有一间自己的实验室。他向店主要了间小小的空房,开始把这间空房布置成自己的实验室。他捡回那些别人不要的空瓶子等废物,还省吃俭用买一个最便宜的东西,并把这些东西统统放在他的"实验室"里,慢慢地,"实验室"里的东西就堆积如山了。在看了理论书后,遇到每一个模型试验,他都亲身实践,并且在昏暗的光线下仔细观察并记录着整个实验的过程以及结果。他沉迷于这些实验的直观感,并为自己能印证前人的定理而欢欣。慢慢地,下班后的所有时间他都用来读书和做实验。这样的日子,他坚持了整整 8 年!

    尽管他有时神情专注得似乎在想着什么,还带着几分傻气,但他装订书的手艺丝毫不含糊。这家书店在当时的伦敦享有盛名,不少皇家的会员几乎都定点把他们的科技书籍送来这里装订,而他精湛的技艺也为他赢得了良好的人缘。一位叫当斯的顾客就很欣赏勤奋好学的他,见他沉迷于化学试验,就把当时一代化学大师戴维在皇家学院的讲座入场券悉数赠给了他。

他收到这些入场券后欣喜若狂,他曾多么希望上大学,多么希望能聆听大师的教诲和指点啊,而这一切却那样不期而至,这让他几乎不敢相信!

1812年2月的一个晚上,他异常激动地第一次跨进皇家学院的大门,坐在阶梯形的讲演厅里。为了这一天,他拿出几乎所有的积蓄买了一套像样的衣服,还买了上好的钢笔和笔记本,准备好好享受这一精神盛宴。他的目光一直盯着讲演厅的入口处,终于,戴维出现了!戴维讲座的主题是发热发光物质,他的谈笑是那么的举重若轻,讲述是那么的鞭辟入里。他没想到科学竟然能给人如此享受!

他侧耳聆听戴维的每一句话,并飞快地记录着,一堂讲座下来,他记了一页又一页。听完4次讲座,他那厚厚的笔记本居然写满了。戴维带他游览了崇高而神圣的科学殿堂,让他感受到那里的春暖花开,使他明白真正的科学就像是一首韵律优美的诗篇,能散发出一种引人入胜的艺术魅力!由于是现场记录,字迹难免潦草,为了整理笔记他又反复抄过多次讲座的内容,以至于这些内容他都默记于心,出口能诵。他从小练就了一手好字,他把笔记认真细致地整理在一起,并用精致漂亮的封面装订成册。他有时出神地想,要是自己能成为一个和戴维一样令万众瞩目的科学家,那该多好啊!

只是,科学在那样的年代是属于贵族的,而对于像他这样贫苦的孩子来说,科学似乎离他远了点。

理想和现实的差距让他又犯了一贯的犟脾气,他鼓足勇气给当时的英国皇家学会会长班克斯爵士写信,希望能在皇家学院里找份工作,即使是打杂也可以。他忐忑不安地等待着消息,一周过去了,音信全无。为了能在皇家学院找到工作他干脆跑到皇家学院去打听,得到的答复是:"班克斯爵士说,你的信不必回复!"听到这话,他非常失望。但是他想,科学的神圣殿堂应该是向所有向往它的人而开的,只要有信心就一定能迈进这神圣的殿堂。他的脑海中又浮现出了戴维那和蔼可亲的笑容,这笑容似乎在频频鼓励他:孩子,坚强一些,科学的殿堂就在前方……对,戴维在皇家学院有很高的声望,我何不给他写信试试呢?

于是,他连夜给戴维写了一封书信,还把装订成册的戴维4次讲座的笔记一并寄去,他在信中用激情澎湃的文字,写满了一个年轻人对戴维的崇拜;写满了一个年轻人对科学的痴迷…… 如火般的热情终于开始融化阻挡他前进的冰山,不久,他便被戴维招到皇家学院化学实验室当了自己的助手!

这一刻,他雀跃欢呼! 神圣的科学殿堂终于向这一位学徒招手了。

他叫迈克尔·法拉第。他在1831年发现的电磁感应现象,预告了发电机的诞生,开创了电气化的新时代。他毕生致力研究的科学理论——场的理论,引起了物理学的变革。据说,戴维在瑞士日内瓦养病时,有记者问他一生中最伟大的发现是什么,他绝口不提自己发现的钠、钾、氯、氟等元素,而是说:"我最伟大的发现是一个人,他叫法拉第!"

梅纽因和他的老师埃奈斯库

　　1916 年 4 月 22 日，梅纽因出生在美国纽约。他的父母是移民到美国的俄国犹太人，为了在自己的第一个孩子身上打上血统的烙印，他们给孩子取名为"耶胡迪"，就是希伯来语中"犹太人"的意思。梅纽因出生不久，全家就迁居到了旧金山。梅纽因的父母很喜欢音乐，经常带着他一起去听音乐会。

　　梅纽因天生对音乐就有着强烈的兴趣。过 3 岁生日那天，父母带他去听旧金山交响乐团的音乐会，按理说这么小的孩子，应该是什么都不懂的，但乐队首席演奏家路易斯·帕辛格的演奏却让他像着了迷一般，伴着乐曲晃荡着小脑袋，他也本能地想拿起小提琴来表达自己的感情。

　　回家后，小梅纽因缠着母亲说："妈妈，我也想要一把小提琴，你们就给我买一把吧！"看着儿子渴求的目光，父母给他买了一个玩具提琴。拿到玩具提琴的小梅纽因很高兴，他摆弄来摆弄去，却发现它根本"不会唱"，他很生气，就把琴扔到墙角摔碎了。

　　到了他 4 岁生日那天，父母又给他买了一把儿童提琴，对他说："我们去见一位老师，就是你那天在音乐会上看到的那个乐队首席演奏家路易斯·帕辛格。"

"是吗?"小梅纽因高兴极了,他连忙让妈妈找出一件新衣服穿上,又抱着自己的儿童提琴,跟着父母去拜师学艺了。

小梅纽因的音乐天赋很高,加之他对拉小提琴格外感兴趣,在音乐奇才帕辛格的指教下,他的琴技迅速提高,很快就掌握了所学的内容。他跟着帕辛格学习了 6 个月后,1921 年 10 月 26 日首次登上乐坛,在旧金山费尔基特大酒店举办的学生演奏会上公开演出。那次演出非常成功,人们看着小梅纽因出色的演奏,无不叹为观止。

7 岁那年,小梅纽因又在旧金山交响乐团的伴奏下,演奏了门德尔松的《E 小调小提琴协奏曲》。要知道,德国作曲家门德尔松的小提琴协奏曲是非常著名的,不仅整部作品充满了柔美的浪漫情绪和均匀齐整的形式美,而且旋律优美、技巧华丽,演奏起来难度很大。但是小梅纽因的演奏却有板有眼,让台下的听众听得如醉如痴,无不啧啧赞叹。自此,人们称他为"音乐神童"。

1925 年,刚刚 9 岁的小梅纽因举行了第一次自己的音乐会,他演奏了难度更大的拉罗的小提琴协奏曲《西班牙交响曲》,由此一举成名。当时的很多音乐行家认为,他演奏的那首曲子的水平几乎可以和名声显赫的小提琴家雅莎海菲兹相媲美。报纸上也以大字标题称赞小梅纽因:"不是明星,而是天才!"

1926 年,小梅纽因 10 岁时,父母又把他带到了巴黎,为的是让他能够受到更正规的音乐教育和传统音乐文化的熏陶。正是在这里,小梅纽因成为了罗马尼亚小提琴演奏家埃奈斯库的学生,并由此开始了他们之间二十年的深厚友谊。不过,小梅纽因想拜埃奈斯库为师的愿望一开始并不顺利,他们的初次见面就非常有趣。

这一天,小梅纽因站在埃奈斯库面前,说:"老师,我想跟您学琴。"

"哦? 我从来不给私人上课,你大概拜错了吧?"埃奈斯库说。

"没错，我就是要跟您学琴，求您听听我拉的琴吧。"小梅纽因几乎恳求着说。

"这件事可不好办，我正准备出远门，明天清晨六点半就要出发。"

"我可以早一个小时来，趁您正在收拾东西时拉给您听，行吗?"小梅纽因说。

看着眼前这个执拗和充满稚气的小男孩，埃奈斯库不禁笑了，他被这个可爱的小男孩的真诚和恳切所打动，于是点点头，说:"好吧，我明天早晨五点半在克里希街 26 号听你演奏。"

第二天早晨，小梅纽因提前一个小时来到克里希街 26 号。他先是定了定神儿，然后就开始为埃奈斯库演奏了，随着他那优美的琴声，埃奈斯库脸上露出了喜悦的神情。演奏结束后，埃奈斯库决定免费给这位小神童授课。

从此以后，小梅纽因就开始跟随埃奈斯库学琴，在老师的严格要求和精心指导下，他的琴艺进步更加神速。1929 年，他在德国柏林举行的首场独奏会后，世界著名物理学家爱因斯坦走到后台拥抱了这个 13 岁的孩子，对他将贝多芬和巴赫的作品演绎得如此富于灵性和敏感而激动不已。

在前后二十年的时间里，梅纽因和埃奈斯库之间形成了比师生关系更为深厚的感情，他俩的忘年交在音乐界传为佳话。老师不仅教他如何拉琴，还教他如何做人，梅纽因在精神上已经把埃奈斯库当成自己的第二个父亲。他曾说过:"如果是布希教会了我严谨、精确和权威，那么是埃奈斯库点燃了我的想象力。"

牛顿的老师巴罗

1677 年 5 月 4 日，一位名叫伊萨克·巴罗的英国数学家被一场肺炎夺去了生命。几天后，巴罗的遗体被运往英国伦敦郊外的公墓安葬，当拉着灵柩的马车在伦敦的街道上缓缓地走过时，无数民众自发地加入了送葬的行列。在送葬者中间，有一位身材普通、相貌平平的男人，正强忍悲痛，目送着灵车缓缓离去，他就是当时最伟大的科学家——牛顿，而他所送别的伊萨克·巴罗，则是他在大学时代的恩师。

伊萨克·巴罗出生于英国伦敦。在他 4 岁那年，母亲便因病去世了。他的父亲是一位布匹商人，由于整日忙于生意，无暇照顾巴罗，便把他送到乡下的祖父那里。巴罗的祖父是一个脾气很坏的老头儿，由于他最初不太同意儿子的婚事，所以他对自己的这个小孙子也非常不喜欢。

自从巴罗被父亲送到祖父那儿之后，凄苦的日子就开始了，祖父经常骂他，还动不动就打他。在这种生活环境下，原本表现优秀的巴罗的学习成绩一落千丈，从一个品学兼优的学生变成了一个喜欢打架、不服管教的"坏"学生，成绩差到甚至连连留级。他从 7 岁入学到 16 岁，不知被退学了多少次，在老师们的眼中，他已经是个无可救药的孩子了。

幸好巴罗的父亲及时发现了这一问题,他把生意放在一边,亲自把巴罗送到了一所以教学质量高、管理人性化而著称的学校。巴罗在这里上了一个阶段后,依旧劣性不改,学校校长只好把他父亲叫到学校来,对他父亲说:"你的孩子实在太顽劣了,我们也教不好他,如果你不把他带走,恐怕他会带坏学校的其他学生。"巴罗的父亲一听这话,如同五雷轰顶,他绝望地跪在地上,哭着说:"连你们这所号称'欧洲最好的学校'都无法教好我的儿子,还不如让我死了算了!"此时,巴罗就站在校长室门外,他把门轻轻地推开了一条缝,看见父亲如此伤心欲绝,他也掉下了眼泪。他在心中默默地问自己:"我真的是没救了吗?难道我真的是没人要的孩子吗?"

不久,父亲又将巴罗转到另一所名叫菲尔斯特的乡间学校。在那里,巴罗遇到了改变他一生的老师——霍尔比齐。霍尔比齐是一位教希腊文的老师,他看了巴罗的档案,了解了他的以往,但他并没有像其他老师那样鄙视巴罗。一天,他把巴罗找来,和蔼地对他说:"你具有当老师的天赋,我相信你有一天会成为最好的老师。"巴罗惊讶地抬起头,因为这是他第一次听到鼓励的话语从一位老师的嘴里说出来,也是第一次体会到被人信任的滋味。从那一天开始,巴罗仿佛变了个人似的,他开始对学习萌生了浓厚的兴趣。在霍尔比齐的耐心教导下,巴罗成为全班希腊文学得最好的学生。这下子,巴罗信心倍增,他相信自己可以成为一个优秀的学生。霍尔比齐趁热打铁,又教巴罗学习拳击、摔跤和剑术,很快,巴罗又成为这些方面的高手。

1641年,爱尔兰为了摆脱英格兰的控制,发动了民族起义。战争的影响波及到伦敦,巴罗父亲的生意也遭受到致命的打击,父亲已经无力再继续资助巴罗的学业了,眼看着巴罗的生活就要无以为继,是霍尔比齐又一次帮助了他。霍尔比齐把巴罗接到自己家里,免费为他提供食宿,帮助其完成了学业。

1652 年,巴罗以极优异的成绩考入剑桥大学学习拉丁文学。然而,在他读大学期间,又开始对数学萌生了浓厚的兴趣,他的研究方向也因而发生了转变,把全部精力都投入到数学的学习中去了。

1655 年,巴罗大学毕业后,开始了他的游学生活。他乘坐帆船先后去了中东、北非、欧洲和土耳其。在游学过程中,他写了好几本著作,其中既有数学专著,也有人物传记。除了写书之外,他在土耳其还与当地的鞑靼人切磋拳术与摔跤,他早年学的拳击、摔跤和击剑功夫在这儿派上了用场。有一次,他在集市上遇到了一个酗酒闹事的壮汉,结果三招两式便将其制服。还有一次,巴罗所搭乘的船行经土耳其西部的伊斯麦尔时,不幸遭遇了海盗的攻击,当时巴罗是船上唯一带有刀剑的乘客,他拔出武器振臂一呼,率领全船乘客迎战,最终将海盗击退。

1659 年,巴罗结束游学返回了英国,担任剑桥大学数学系首席教授。无疑,巴罗在学术方面也成就卓越。今天,我们无论学习数学还是物理,都会接触到与巴罗有关的理论,比如:用切线去求斜率;用切线去求曲线截面积;用切线去求反曲点等,这些都是巴罗的研究发现。巴罗还是第一个把光学和几何学结合在一起的人,他找到了在透镜上画切线去求焦距与曲率半径的关系式,这也正是光学物理最著名的透镜公式。

巴罗与牛顿的人生轨迹发生交集是在 1662 年。当时,巴罗在剑桥大学教几何光学课程,他注意到班上有一位独特的学生,这个学生虽然貌不出众,沉默寡言,成绩中等,但是思维却相当深刻敏锐。这位学生就是牛顿。

巴罗看出牛顿具有深邃的观察力和敏锐的理解力,认为这是一个百年难遇的奇才。他对牛顿的才华极为赞赏,认为牛顿在数学上一定会超过自己。于是,巴罗对牛顿倾囊相授,逐步把牛顿引向了近代自然科学的研究领域。牛顿对巴罗这位恩师也非常感激。多年后,牛顿在回忆起巴罗时说:"巴罗博士当时讲授关于运动学的课程,也许正是这些课程促使我去研究这方面的问题。"

在生活上,巴罗对牛顿也非常关心。当时,牛顿的家境非常贫困,自从考入剑桥大学之后,他就一直靠学院提供的勤工俭学的机会赚取学杂费。巴罗在牛顿身上仿佛看到了自己当年艰苦求学的影子,于是也像霍尔比齐对待自己那样,让牛顿住在自己家里,把他当做自己的孩子一样,这在很大程度上缓解了牛顿的经济压力。

然而最令牛顿难忘的,莫过于巴罗"帮助"他出任剑桥大学教授一职。1668 年,牛顿在剑桥大学成功地获得了硕士学位,他有意留在剑桥大学任教。当时,年仅二十多岁的牛顿已经跻身于世界一流科学家之列,以他的学术水平完全可以出任剑桥大学教授,但剑桥大学教授的名额是固定的,除非有一位现职的教授退休,牛顿才有可能填补空缺出任教授。为了提携牛顿,使其谋到教授的空缺,1669 年 10 月 27 日,巴罗宁肯放弃优厚的待遇,毅然辞去了教授一职。就这样,牛顿成为了剑桥大学有史以来最年轻的教授,这一年他才 26 岁。

巴罗退休之后,便回到了伦敦的贫民区生活,他在那里继续坚持教贫民区的孩子们学习。巴罗终身未婚,他把人生的大部分时光都献给了自己的学生,直到生命终结。虽然巴罗发现并提携了牛顿这位科学天才,但他却从未因此而自傲。他曾在给牛顿的一封信中这样写道:"我不向高山呼喊,我不对森林呼叫,无论我面对的是一片空墙,或是荒芜的土堆,但是我并不失望,我仍然竭力去寻找每一句希腊用字、片语的真正语源。成为一个用心的老师,是一件很孤独的事,我像是古希腊的悲剧诗人索福克勒斯,独立在静默的舞台上,没有吟唱,没有旁白,没有歌咏,没有伴舞……只有少数的学生,像是遭遇海难的船员,被幸运之浪漂流到我的舞台前,或是到处流浪,不甘被摆入现成框框中的学生,无意间'碰'上来,他们就能听到普罗米修斯传自洞穴中的几句箴言。"

也许,这才是巴罗内心的真实写照。

达尔文的老师

　　英国古城施鲁斯伯里，被一条蜿蜒的塞文河环绕着，这里临山傍水，景色十分优美。1809 年 2 月 12 日清晨，一个男婴在古城的一座红砖楼房里诞生了。听着婴孩哇哇的啼哭声，他父亲的脸上露出了欣喜的笑容。这个男婴，就是后来闻名于世界的伟大生物学家、进化论的主要奠基人——达尔文。

　　小达尔文的父亲罗伯特·达尔文是一个很有才华的医生，他 19 岁时就获得了医学博士学位，21 岁就在施鲁斯伯里独立行医。罗伯特医生不仅医术精湛，救治了很多病人，而且为人友善，极富同情心。有一次，当地一个小工厂主遇到了经济困难，万般无奈之下，他开口向罗伯特医生借一万英镑。当时，尽管罗伯特医生的生意不错，但这一万英镑对于他来说也不是个小数目，而且张口借钱的那个小工厂主还拿不出任何具有法律效力的抵押品。看着小工厂主焦急的神情，罗伯特医生决心帮助他，于是想方设法凑足了一万英镑，解了对方的燃眉之急。那位小工厂主非常感激，在渡过难关之后，没有失信，亲自把钱还给了罗伯特医生。

　　父亲的道德榜样潜移默化地影响着小达尔文。但在他的眼里，父亲是一个严厉的教师，而母亲才是一个更加温柔、关爱的天使。小达尔文的母亲苏珊娜是英国著名陶瓷技师乔赛亚韦奇·伍德的女儿，这是一个有教养、有见识的女人，尤其是懂得怎样保护孩子的好奇心。她遇到孩子们提出各种稀奇古怪的问题时，从来不像有的母亲那样不耐烦地说："小孩子家问这些干什么？"而是笑眯眯地耐心解答。比如有一次，小达尔文看着家中的小猫在嬉戏，突然莫名其妙地问道："妈妈，小猫是从泥土里长出来的吗？"母亲微微一笑，抚摸着小达尔文的头说："傻孩子，小猫是猫妈妈生的。""噢，我明白了，我和妹妹是你生的，你是外婆生的，是这样吗？"望着儿子忽闪忽闪的大眼睛，母亲和蔼地说："是呀，所有的人都是他们的妈妈生的。""谁是最早的妈妈呢？那个最早的妈妈又是谁生的呢？""好孩子，世界上的很多事情还没有人能够说清楚，等你长大了，或许比我还要清楚，到时候我可能还要问你呢。"小达尔文觉得和母亲在一起时，总是很快乐。

小达尔文在四岁的时候，就跟着母亲学习认字和唱歌了。父母还经常带他到花房去，母亲喜欢养花，她给小达尔文讲各种植物的故事，还教他如何辨别植物。父亲喜欢搞果树嫁接，每到收获的季节，他们家里就会吃到美味的水果。看着父母的一举一动，小达尔文的脑瓜里又有许多疑问了：为什么要给植物培土呢？苹果树结出的果实怎么有梨子味呢？

小达尔文对大自然充满了兴趣。有人说他爱好自然是与生俱来的天性，其实不然，是用心良苦的父母早期家庭教育的结果，父母才是他的启蒙老师。

小达尔文的舅舅乔赛亚住在离他家 30 千米远的一个大庄园里，那里有着茂密的树林，平坦的草地，风景非常优美。乔赛亚舅舅是搞陶瓷艺术的，家境很好。小达尔文经常去舅舅家里小住，他和表哥、表姐们在大自然里尽情地嬉戏玩耍，这里有很多他从没有见过的植物、昆虫，还有各种菌类，都引起了他极大的兴趣。

舅舅家的大庄园成了小达尔文的天然课堂，他在这里学到了很多植物学和动物学方面的知识，萌发了许多"奇怪念头"。即使多年后，达尔文回忆起这段经历时，仍然感到受益匪浅。

小达尔文的上面还有三个姐姐、一个哥哥。在罗伯特医生创业初期，母亲苏珊娜为了操持一大家人的生计，十分辛苦，久而久之，身体便越来越差，后来甚至卧病不起了。在小达尔文进入凯斯先生的学校的这年夏天，慈爱的母亲去世了。小达尔文在凯斯先生的学校里只读了一年，就和哥哥一起被父亲送到布勒特寄宿学校去读书了。

布勒特学校的学习生活很枯燥，但达尔文的课外生活却丰富多彩，他利用课余时间捕捉昆虫和采集矿石，如果遇到一些稀有昆虫，他就会精心制成标本，并为此而高兴好几天。他在这所寄宿学校学习了七年，临近快毕业的时候，还是因为难以适应古典教育而离开了学校。

后来，父亲又将达尔文送进了爱丁堡大学医学院，希望他今后子承父业。尽管他不想违背父亲的意愿，但他感兴趣的仍然是植物学和动物学。在医学院学习期间，除了化学能让他接触更多的实验外，其他课程则全是"填鸭式"的教学方法，这让他感到很失望。在爱丁堡大学期间，他去得最多的地方是图书馆，在那里他读了许多书，包括名人传记、自然科学、旅行游记等等，如饥似渴地汲取着各种知识。此外，爱丁堡大学博物馆也是他经常光顾的地方，那里陈列着许多令他感兴趣的东西。

罗伯特医生始终关注着儿子的学习情况，当他得知儿子确实无心学医后，便决定让他改学神学，今后做个牧师，于是就把他送到了剑桥大学的基督学院。

达尔文刚进剑桥大学时，学习还是非常努力的，但接受了一段时间的神学教育后，他发现这里的课程安排与前两所学校都是一样的模式，尤其是古典科目占有很大比重，所以他学了两个学期的神学后，又像在爱丁堡大学时那样，把兴趣转移到大自然上面去了。当然，达尔文对学校里的每次考试还是非常重视的，成绩总能及格，因为他不想让为自己付出了很多心血和金钱的父亲再伤心了。

幸运的是，达尔文在剑桥大学遇到了对他一生的事业都产生了重要影响的一个人——他的恩师和益友亨斯洛教授。

亨斯洛教授学识渊博，对各门学科几乎都通晓。他讲授植物学课程时不仅风趣幽默，而且还用自己制作的精美图片做展示，学生们都很愿意选学他的课。尽管达尔文当时不研究植物学，但只要是亨斯洛教授讲课，他每次都早早地来到教室。亨斯洛教授要求学生们不要只是呆在教室里啃书本，而是到大自然中去，在观察、亲近大自然的过程中掌握知识、增强本领。达尔文和同学们在亨斯洛教授的带领下，经常到野外去考察，他向学生们仔细讲解观察到的那些稀有植物或动物。有时候，他还带着学生去远处的森林和沼泽地去采集标本。一次，达尔文在深草丛中逮住了许多蟾蜍，亨斯洛教授高兴地说："你的眼睛真敏锐，一下子抓住这么多，难道你想用它们做馅饼吗？哈哈！"望着开朗幽默的亨斯洛教授，达尔文也不禁笑了。跟随亨斯洛教授学习和考察,是他这些年来最快乐的时光。

亨斯洛教授不仅知识渊博,而且对学生循循善诱,很注意保护年轻人的学习积极性。达尔文就遇到过这么一件事:一天,他查看放在潮湿木板上的一些花粉粒时,突然发现那上面伸出了几根花粉管,"天哪!这真是一个奇异现象!"达尔文仿佛发现了新大陆一样,高兴地赶快跑去向亨斯洛教授报告:"教授,有几根花粉管出现了!""哦,是吗?那可太好了!"亨斯洛教授笑着说。其实,达尔文所说的是一种很正常的自然现象,在老师看来并没有什么新奇的,但亨斯洛教授却没有像有的老师那样笑话学生无知,而是表现出和达尔文一样的喜悦,并详细地向达尔文解释为什么会出现这种现象,以及它的意义。尽管达尔文后来也知道了这只是一种平常现象,但他丝毫也没有因这件事感到惭愧,相反更激发了他的求知欲,只不过暗下决心,今后不再像这样莽撞地就去报告了。

亨斯洛教授喜欢帮助年轻人成长,每星期都要在家里搞一次招待会,那些爱好自然科学的学生和青年教师都会聚集在他家里,讨论各种感兴趣的问题。达尔文每次必到,久而久之,他和亨斯洛教授的感情越来越深。亨斯洛教授很喜欢好学上进的达尔文,把他当作自己家里的一员,经常是吃完晚饭后,和他一起到乡间的小路上散步,或者是周末一起去沼泽地区采集植物和昆虫。

达尔文在剑桥大学的最后一年,亨斯洛教授建议他阅读一些地质学的书籍,并请自己的好朋友塞奇威克教授去北威尔士进行地质考察时带上达尔文。无疑,这些都对达尔文的成长带来了很大益处。

结束了剑桥大学3年的学习生活后,达尔文回到了蒙特山庄。一天,他收到了亨斯洛教授的来信,信中说:政府聘请菲茨罗伊舰长率贝格尔舰环球航行,去测量美洲的南端,舰长需要一位博物学家跟随,自己已推荐了他。达尔文听到这个消息后非常兴奋,他盼望着远航的日子早早到来。后来几经周折,他终于跟随贝格尔舰出发了。这期间,他用一个小拖网捕获了许多海洋生物,对它们进行分类,再用亨斯洛教授教他配制的防腐剂浸泡,装进小瓶子里并贴上标签。如果遇到舰艇靠岸停泊时,他就会抓紧时间到树林或山坡的草地上去捕捉昆虫,寻找植物、贝壳、石头等,晚上回到舰艇上再做成标本。就这样,他收集和制作的标本越来越多,几乎摆满了一个船舱。后来他担心出现意外,就把一部分标本寄回家乡,其中更重要的标本则寄给了亨斯洛教授。

转眼贝格尔号从英国普利茅斯港口驶出已经3年了,但测量任务还没有完成,估计还要两年的时间才行。直至1836年10月,贝格尔号才完成了测量,达尔文也完成了为期5年的环球考察,他的最大收获就是记载了大量资料,采集、制作了几千件标本和岩石样本。

回到英国后,在处理这些珍贵的标本和岩石样本的过程中,亨斯洛教授同样给予了达尔文热情的支持和帮助。

关于生物进化的基本思想,是达尔文在乘坐贝格尔号作环球航行时产生的,后来经过二十年的艰苦劳动和深思熟虑,达尔文在一个僻静的小镇里,将这些思想整理成文,最终以《物种起源》问世。

《物种起源》的出版,宣告了"达尔文主义"的诞生,也标志着人类对生物界的观点和人类对自身在生物界中的地位的观点发生了根本的转变。

令达尔文没有想到的是,自《物种起源》出版后,遭到了来自各方面的攻击和辱骂,包括菲茨罗伊舰长和多年的老朋友塞奇威克教授。但是,他的恩师亨斯洛教授始终支持、鼓励着他。一次,他们在书房喝完咖啡谈到《物种起源》一书时,已经六十开外、满头银发的亨斯洛教授说:"我再一次向你保证,没有任何事情能够影响我们的友谊,如果你受到攻击的话,我将竭尽全力支持你,放心吧!"望着恩师慈祥的面容,达尔文坚定地点了点头。

普希金与他的老师们

　　普希金是俄国著名的文学家、伟大的诗人、小说家,19世纪俄国浪漫主义文学主要代表,同时也是现实主义文学的奠基人,现代标准俄语的创始人。高尔基称赞他为"俄国文学之父""俄国诗歌的太阳"。在他38年的短暂人生中,他给俄国乃至世界文学宝库中留下了许多奇葩,诸如脍炙人口的《渔夫和金鱼的故事》《叶甫盖尼奥涅金》《上尉的女儿》等等。果戈理曾评价说:"俄罗斯的自然、俄罗斯的灵魂、俄罗斯的语言、俄罗斯的性格在普希金的创作中反映得那样纯洁,那样净美,正如光学玻璃的凸面上反映出来的风景一样。"他像一部辞典一样,包含着俄罗斯语言的全部宝藏、力量和智慧。

　　1799年6月6日,普希金出生在莫斯科一个家道中落的贵族家庭,从小就受到浓厚的文学熏陶。还在他童年的时候,外祖母、父母双亲以及伯父就给了他很多启迪和激励。当时,他的外祖母居住在莫斯科郊外的扎哈罗夫村,那里是一个幽静的小山村。1805年至1810年间,童年的小普希金每年夏天都要到外祖母那里去,他或是坐在葡萄架下,或是偎依在外祖母怀里,或是牵着农奴出身的保姆的衣襟,听着那一个个迷人的童话和一支支生动的民歌。这种生活使普希金从小就领略了丰富的俄罗斯语言,对民间创作产生了浓厚兴趣。外祖母还教会了他拼读俄语。小普希金的父母也对他文学兴趣的养成起过很大的作用。父亲的书房里有很多书,小普希金经常爬上书架,取下一本本书痴迷地读着。在童年的普希金身上,体现出了同龄孩子所不具有的文学天赋。为了发扬这种天赋,父母专门为小普希金聘请了一位法国家庭教师。普希金学得很快,到了8岁的时候,他就可以熟练地掌握法语了。小普希金的伯父——瓦西里·普希金也是一位有名的诗人。伯父每次写出新诗之后，总是先念给小普希金听。普希金从小就对着美妙的诗句产生了浓厚的感情。伯父告诉他，要想写出流芳千古的诗作，必须先有广泛的文学知识。就这样，在伯父耐心的引导下，普希金走进了诗歌的大门。普希金对伯父非常爱戴、无比敬重，亲切地称伯父为"我的诗父"。

普希金对其他几位启蒙老师也十分尊重，无论是第一个家庭教师蒙弗尔伯爵，还是选他为"接班人"的老诗人杰尔查文，以及著名诗人茹科夫斯基，普希金都非常敬慕。

茹科夫斯基是一位俄国的进步诗人，是普希金中学时代的老师。当21岁的普希金发表了第一篇长诗后，茹科夫斯基感到他的诗已超过了自己，便在给普希金的一张照片上真诚地写道"赠给胜利了的学生"，落款是"失败的老师"。茹科夫斯基承认自己就是那位"失败的老师"。

虽然普希金很早就在文学，尤其是诗歌创作上表现出非凡的天赋，但你知道吗，他小时候数学却学得一点儿也不好。当他还是一名小学生时，有一天，数学老师给学生们上课，不知小普希金哪根筋出了毛病，竟然发现老师给同学们讲解的四则运算例题最终的结果总是"零"，他觉得很有趣，但也没有向老师发问。不过自那以后，他就认定了这个"零"了，无论解答哪一道数学试题，他甚至连试题看都不看一眼，提笔就在等号后面写上"零"，即使考试时也是这样，数学老师找他谈过好几次，告诉他每道试题的结果是不同的，但小普希金始终改变不过来，看着这个毫无希望的孩子，老师只好无奈地说："还是去写你的诗吧，对你来说，数学就只意味着'零'。"

当普希金成名以后，有一次，他坐着四轮马车去奎夫城看望朋友，当快要到那里时，四轮马车突然被一块石头垫了一下，结果翻倒在路上，普希金急忙从车上跳下来，好在没有受伤，他拍了拍身上的尘土，走进了路旁的一家小旅店。当旅店的老板知道了眼前这个人就是大名鼎鼎的诗人普希金时，非常兴奋，便赶忙跑到地窖里取来一瓶最好的葡萄酒，连声招呼着："快坐下，真没想到您这样尊贵的客人能到我这小店来!"说着，就向杯子里斟了满满一杯酒。普希金也礼貌地点点头，客气地说："谢谢!"这时，老板娘取出了一本很大的旅客登记簿，请求普希金在上面签个名。当普希金在登记簿上写下了自己的名字以后，看到老板的一位小儿子也正尊敬地用双手捧着一本练习本站在他的面前，这位小男孩也希望诗人能给他签个名。普希金接过练习本，看到那页上有一道四则运算试题，他误以为小男孩是要求自己给他解答这道题目，于是，他像过去一样，用笔在算式的等号后面写上了"零"，并对小男孩说："小家伙，试试你的运气如何?"小男孩高兴地捧着练习本跑开了。

第二天，小男孩把练习本交给老师，老师居然在这位伟大的诗人写的答案上打了一个鲜红的"×"。

"它怎么会错呢?"小男孩简直不能相信他的老师，眼中噙着泪说，"它是由普希金本人做出来的!"

后来，这件事被名誉校长谢连科夫将军知道了。"哈哈! 这回好了"，这位老将军幽默地说，"我根本就不懂教育，但被邀请做你们的荣誉校长，你看，大诗人普希金也不懂数学，所以就让这个'零'作为这道题的荣誉答案吧。"

莫泊桑与福楼拜

　　1850年8月,莫泊桑出生在法国西北部诺曼底省狄埃卜城附近的一个没落贵族家庭。他刚出生不久,父母就因为经常闹矛盾而分居了,小莫泊桑便跟随母亲生活。后来,他们搬到了海边的一个乡村里,母子俩相依为命,日子过得很艰辛。莫泊桑的母亲读过很多书,十分喜爱文学,她一有空闲时间就会坐在小莫泊桑的床边,给他讲有趣的童话故事和神话传说。每当这时候,小莫泊桑就会睁大眼睛,一动也不动地静静听着。在母亲的熏陶和启发下,小莫泊桑对文学产生了浓厚的兴趣。等到小莫泊桑稍长大一些后,母亲便开始教他认字。莫泊桑的记忆力非常强,凡是母亲教过的知识,他很快就能记住并灵活应用。到了6岁的时候,他就已经能够自如地阅读小说了。小莫泊桑很喜欢看文学著作,经常到母亲的书房里去翻看,开始时母亲并没有太在意,认为他不过是对书房感兴趣而已。可是过了一段时间,母亲才发现小莫泊桑竟然把自己收藏的小说都读完了,提问他时也能说出大概内容,这让母亲既感到吃惊也觉得欣慰。可以这样说,母亲是莫泊桑走上文学创作道路的第一位老师。

　　10岁那年,莫泊桑进入一所教会学校读书。教会学校的课程非常枯燥乏味,莫泊桑并不喜欢,于是他就把大多数时间用来阅读文学作品。这期间,他先后阅读了莎士比亚、狄更斯和雨果等大文学家的作品。莫泊桑还喜欢随身带着书,这样无论他走到哪儿都能阅读了。可是,教会学校是不允许学生们阅读课外读物的。有一次,老师正在课堂上讲解圣经,莫泊桑就悄悄拿出一本莎士比亚的书在桌子下面阅读,可能是他读的太投入了,以至于连老师走到身边都没有察觉。"莫泊桑,你在做什么?上课是不允许读课外书的!"老师非常生气,不仅把他的书没收了,还罚他站着听一个月的课。还有一次，大家都在教堂做弥撒时，莫泊桑偷偷从兜里把书拿出来看，结果又被老师发现了，被狠狠地训斥了一顿。不过，教会学校的严格制度并没有扼杀莫泊桑的读书热情，反倒让他暗下决心：今后一定要做一名优秀的作家。

莫泊桑18岁的时候进入卢昂中学读书，这是法国一所颇有名气的学校。在这里，著名诗人路易·布耶成了莫泊桑的文学老师。虽然路易·布耶本人并不是一个伟大的诗人，但他对文学有很深的造诣，而且他还是莫泊桑的舅舅蒲瓦特万幼年时的朋友，所以对莫泊桑自然是另眼相待。路易·布耶在莫泊桑的习作中看出了他的写作天赋，便格外注意对他进行培养。他总是单独给莫泊桑出一些作文题，让他练习写作，还在写作方法上对他予以指导。路易·布耶告诉莫泊桑："假使你能够作出一百句显出本来面目的诗，你就可以成名了。"这让莫泊桑懂得了每首诗都要有自己的独创性和实际内容的道理。在路易布耶的悉心指导下，莫泊桑的写作水平提高很快，甚至有些小文章还被当地的报刊选登和发表了。

不过，真正让莫泊桑在写作方面登堂入室的还是文学大师福楼拜。莫泊桑中学毕业的时候正值普法战争爆发，他不得不中断学业应征入伍，成为了一名军人。1871年战争结束了，莫泊桑退伍后在卢昂市海军部和教育部当职员。在工作之余，他开始从事写作。这时，他有幸遇到了当时的法国文学大师福楼拜。福楼拜是莫泊桑的舅舅的同窗好友，正好也住在卢昂市。那段时间，莫泊桑一有空便带上自己的习作去福楼拜家请他指点。福楼拜对莫泊桑的文学才华也很欣赏，就收下他做学生。就这样，大文学家福楼拜成为莫泊桑文学上的导师，他们两人结下了亲如父子的师生关系。

有一天，莫泊桑又带着自己写的文章登门求教了，他坦诚地说："老师，我已经读了很多书，为什么写出来的文章总是不生动感人呢？"

"哦，这个问题嘛很简单，就是你的功夫还不到家。"福楼拜毫不避讳地说。

“那么……怎样才能使功夫到家呢?”莫泊桑急切地问。

“这就要肯吃苦、勤练习。你们家门前不是天天都有马车经过吗?你就站在门口,把每天看到的情况都详详细细地记录下来,而且要长期记下去。”

第二天,莫泊桑便遵照老师的指示,站在家门口,看着大街上来来往往的马车。可是他从早看到晚,从日出看到日落,都没看出什么门道。接着,他又连续看了两天,还是没有发现什么。万般无奈,莫泊桑只得再次来到福楼拜家,他一进门就说:“老师,我按照您的指示看了几天马车,没看出什么特殊的东西,满大街上来来去去的不都是马车吗? 这有什么好写的呢?”

“不,不不! 怎么能说没有什么东西好写呢? 那些装饰华丽的马车跟装饰简陋的马车能一样吗? 在烈日炎炎下,马车是怎样走的? 在狂风暴雨中,马车又是怎样走的? 当马车在爬坡时,马匹的姿势是怎样的? 当马车下坡时,车夫又是怎样吆喝的? 他的表情是什么样的? 这些你都观察到了吗? 这么多可观察、可记录的东西,怎么会没有什么好写的呢?”福楼拜滔滔不绝地说着,“如果你能像画家一样,把车夫和乘客的行为和动作都记录下来,并传神地表达出他们的内心世界,你的写作便过关了!”

从此,莫泊桑一回到家便站在大门口,全神贯注地观察过往的马车。他记下了各种各样的马车行进场面,并写了一些作品。莫泊桑觉得自己已经掌握了写作的要领,便再一次去请福楼拜指导。

福楼拜认真地看了几篇,脸上露出了微笑,他对莫泊桑说:“你的确有了一些进步,但是年轻人,你永远不要忘记,所谓‘才气’是长期坚持不懈的结果。所以,你还是努力地坚持写下去吧。”他看莫泊桑在凝神地听着,便又继续说道:“对你所要写的东西,光仔细观察还不够,还要能发现别人没有发现和没有写过的特点。比如说,你要描写一堆篝火或一棵树,就要努力去发现它们和其他的篝火、其他的树木不同的地方。当你走过一个坐在自家店门前的杂货商面前时,走过一个吸着烟斗的守门人面前时,走过一个马车站面前时，就要学着用画家的手法把守门人的身材、姿态、面貌、衣着及全部精神、本质都表现出来，让读者看了以后，不至于把他同农民、马车夫或其他任何守门人混同起来。当你能做到这些的时候，你才是真正有进步了！"莫泊桑点了点头，他从心里佩服老师的精妙指教。

有一次，莫泊桑从邻居那里听来几个故事，他觉得很新鲜也很生动，于是就打算在这些故事的基础上写小说。但他心里还是有点儿拿不准，就跑去请教福楼拜。他把那几个故事给福楼拜讲了一遍后，提出了自己的看法："这些故事内容丰富，足够写出作品来。"福楼拜看了看莫泊桑，说："我看你还是别写这些故事为好。你最好做一做这样的练习：骑着马出去走一圈，一两个钟头以后回来，再把自己所看到的一切记下来。"莫泊桑听从了老师的告诫，打消了听取别人的故事来写故事的主意，并按照老师的说法，骑着马出去跑了一圈，回来后写出了自己的所见所闻。他按照这种方法练习了一年之久，终于写出了一篇著名的短篇小说——《点心》。

还有一次，莫泊桑带着一篇新作去老师家，他发现桌子上的文稿每页都只有一行字，他不解地问道："老师，您这样写不是太浪费了吗？"福楼拜笑笑说："你知道吗？我每页只写一行字，其余的是留着修改用的。"莫泊桑听罢立即起身告辞，继续修改自己的作品去了。

就这样，福楼拜通过他的言传身教，让莫泊桑领略了文学创作的真谛。莫泊桑也把老师的话牢牢记在心头，更加勤奋努力。他仔细观察，用心揣摩，积累了许多素材，终于写出了诸如《羊脂球》《我的叔叔于勒》《项链》等一大批享有世界声誉的短篇佳作。

伦琴:"我今日的这份荣誉应归功于在天的孔脱教授"

1895 年 11 月 8 日是一个星期五。这天晚上,德国慕尼黑伍尔茨堡大学的整个校园都沉浸在一片静悄悄的气氛当中,人们都回家度周末去了,但是还有一个房间的灯光在亮着。灯光下,一位年过半百的学者像平时一样,把一只放电管用黑纸严严实实地裹起来,把房间弄黑,然后接通感应圈,使高压放电通过放电管,发现黑纸没有漏光,待一切正常后,他便截断电流,准备做每天做的实验——放电实验。突然,他的眼前似乎闪过一丝微绿色荧光,"怎么?"他太惊奇了,"刚才放电管是用黑纸包着的,荧光屏也没有竖起,怎么会有荧光呢?"这位学者最初以为是自己的错觉,于是又重新做放电实验,结果荧光又出现了。他大为震惊,一把抓过桌上的火柴,"嚓"的一声划亮,原来是离工作台 1 米远处立着的一个亚铂氰化钡小屏那里发出的荧光。他心里想:"由放电管阴极发出的射线是不能通过数厘米厚的空气的,怎么能使 1 米远处的荧光屏闪光呢?莫非是一种此前未发现的新射线?"这位学者兴奋地托起荧光屏,一前一后地挪动位置,可是那一丝绿光总不会逝去,看来这种射线的穿透能力很强,与距离没有多大关系。他想:"除了空气外,它还能不能穿透其他物质呢?"于是,他又试着用书本、薄铝片挡住射线,但荧光屏上照样出现亮光,当他用一张薄铅片挡住射线时,亮光没有了。恰巧,他的妻子贝尔格这时偷偷溜进实验室。

"来,协助我一下来。"这位学者破天荒地邀请妻子协助实验。

"你看,妖魔,你这实验室里出了妖魔!"妻子惊恐地大喊。

"贝尔格,别怕,我就在你跟前。告诉我,你刚才看见什么了?"

"噢,太可怕了!刚才我看见两只手只剩下几根骨头了。"妻子仍然心有余悸地说。

"亲爱的,你说的对,我们果真是发现了一种妖魔。你看,这家伙能穿透人的血肉,或许这正是它的用途呢。别怕,我们再来试一遍。"那位学者拍着额头兴奋地说。他将自己的右手伸在屏幕上,果然出现了五根指骨的影子。接着,他又将一个装有照相底板的暗盒取出来,让妻子贝尔格将一只手平放在上面,再用放电管对准,照射了15分钟,等将底片从显影液里捞出来后,他发现妻子手部的骨骼清晰可见。这位学者高兴极了,他现在可以肯定,自己的确发现了一种新射线! 由于对这种射线还不了解,这位学者给它取名为"X射线"。你知道发现这种射线的人是谁吗? 他就是德国著名的实验物理学家——威廉·康拉德·伦琴。

德国的西部与荷兰、比利时和法国相毗邻,这里是一片肥沃的平原,著名的莱茵河缓缓地流经这里。在莱茵河的北部,有德国著名的鲁尔工业区。在19世纪中叶,这个工业区里有一个繁华的尼普镇,1845年3月27日,伦琴就出生在这个小镇子。

伦琴3岁时随家人迁居到荷兰,并加入了荷兰国籍。小伦琴的父亲经营着一个已祖传四代的纺织品商店,虽然他们家祖上最初并不太富裕,但是到了伦琴父亲这一辈,家境逐渐殷实起来。伦琴的父亲头脑精明,善于经营,买卖做得一天比一天兴旺。伦琴的母亲勤恳耐劳,善于持家,所以他们家成了镇上有名望的人家。

伦琴是父亲40多岁的时候才得到的孩子,而且他是父母唯一的儿子,自然就成了父母的心肝宝贝,父亲昵称他为"威廉娃娃"。

伦琴小时候很顽皮,经常和邻居的孩子们一起在宽敞的庭院里奔跑、玩耍,他与其他同龄孩子相比,也没有什么特别出众的地方,只是手灵巧一些。老师曾对他的父亲说:"您的儿子虽然其他方面一般,但是他的性格好,天真、直率,这样的孩子将来是会有前途的。"其实,父亲最大的心愿就是儿子长大后能继承他们家祖传的商店,所以,听了老师对儿子的这种评价后感到很满足。

小伦琴小学毕业后,父母在他下一步的路该怎么走上发生了分歧。父亲想让他留在尼普镇,读完初中和高中后就继承家业。但是小伦琴的母亲却强烈反对这一主张,她坚持要儿子出去见一见世面,将来最好能当上殖民地的官吏,或者至少也做个大富商。伦琴的母亲是荷兰人,她有这种想法并不奇怪,因为荷兰有一句谚语:"心爱的孩子要让他出外旅行。"因为事关儿子的前程,所以小伦琴的母亲坚持自己的主张,毫不让步。

小伦琴自然没有父母那么多的考虑,但他对到世界各地看一看还是很感兴趣的,所以,他对母亲的意见举双手表示赞成。由于母子两人的意见一致,老伦琴也只好让步。

后来,小伦琴被母亲送往外祖父家所在的乌得勒支,这是荷兰的一个大城市。当地的乌得勒支中学颇有名气,小伦琴有幸进入了这所学校读书。

伦琴在学校里结交了许多朋友,其中卡莱鲁是最要好的一个,他们经常一起去游泳、钓鱼。在荷兰宁静的平原和小丘上,到处可以见到红色或蓝色的风车在悠闲地转动,伦琴和朋友们就在这转动的风车下愉快地生活、嬉戏、成长着。

这时的伦琴对一些自然现象很感兴趣。比如,乌得勒支的冬天十分寒冷,人们就在室内燃起暖暖的壁炉,窗户玻璃的外面因接触了冷空气而结了一层薄薄的冰。伦琴常常望着窗户发呆,他从教科书上知道,这是由于温度下降,使水由液体变成了固体造成的,可液体为什么就变成了固体呢?他还是想不明白。后来,伦琴又迷上了制造机械,在他身边经常摆满了各种零件。

初中毕业后,伦琴又在乌得勒支读高中。高中的重点学科是希腊语和拉丁语等古典语言学。当时,学校对理科不太重视,讲授的时间比古典语言学少得多,这对迷恋理科的伦琴来说不太对胃口。他的学习成绩在班级里属中等,尽管这所学校很注重学习和教养,但如果不出意外的话,伦琴拿到毕业证书应该是不成问题的,但偏偏就在他临毕业前一年的第二学期里,发生了这样一件事:

这一天,刚刚下希腊语课,教室里传出一阵叽叽喳喳的议论声,原来是同学们在发牢骚。

"哎呀,老师让咱们整段整段地背诵诗词,太累了!这门课真让人受不了!"一个男生大声嚷嚷着。

"就是嘛,老师真是太过分了!"这是一个女孩子的声音。

这时,一个叫毛因斯的调皮男生竟然跳到了讲台上,在黑板上利落地画了一幅漫画,画的就是那个严厉的希腊语老师,只见他双眼圆睁,张着大嘴,尤其是那个大鼻子,画得更是"漂亮"。

"哈哈!"同学们一齐哄堂大笑起来。

伦琴的个子比较高,他正背对门口站着,仰头笑得格外开心。

这时,谁也没发现教希腊语的老师正悄悄地回到了教室,他站在门口,一眼就看到了黑板上的那幅漫画,顿时脸色铁青。同学们看见老师来了,一下子都沉默不语了,只有伦琴因为是背对着门口,没有注意到老师,仍在放声大笑。

"好哇,伦琴,原来是你干的呀!"老师在他身后一声厉喝,伦琴吓得一哆嗦,赶忙闭上了嘴,回头看着盛怒的老师,嗫嚅地说:"对,对不起,老师,不过,这不是我画的。"

恼怒的希腊语老师见学生们竟敢在背后这么嘲笑他,就想抓住一个学生出出气,于是就朝着伦琴厉声追问道:"那你说吧,是告诉我这是谁画的,还是让我把你侮辱老师,又撒谎骗老师的事儿记下来?"

"我,我知道是谁画的。"伦琴小声说。

"看来你倒还是个诚实的孩子。说吧,是谁画的呢?"

"老师,我,我不能说。"伦琴摇晃着脑袋。

"为什么?"

"我，我不想当一个告密者，那是很卑鄙无耻的。"

"哦？看来你小小的年纪，还不愧是德国的一个理想主义者呢。"老师说，"你想想，一个受人尊敬的老师被一个无赖污辱了，而你却认为他是对的，还要袒护他，你是想做个好学生，告诉我那个无赖的名字呢？还是要做个坏学生，和那个无赖一起犯错误呢？"

在老师严厉目光的注视下，伦琴低头不语。这时希腊语老师更生气了，他扫了一眼其他提心吊胆的学生，提高嗓门儿说："伦琴不说，你们哪位同学能告诉我这是谁干的？"教室里鸦雀无声，所有的学生都低下了头。

"我再说一遍，犯错误的同学请自己站出来！"结果还是没有人应声。

老师再次将目光盯住了伦琴。尽管伦琴早已满面通红，但心里对自己的行为颇感自豪，因为他没有出卖同学。

"伦琴，如果你再不说的话，后果就很严重了。在我们这所高尚的学校里，是不允许发生污辱老师的行为的。如果你能说出来是谁画的，只是受到休学的惩罚，否则就只有被开除了！因为你不得不承担犯了错误而又撒谎的双重罪名！"老师严肃地说。

听了老师的话，伦琴心里很害怕，但犹豫再三，他为了"友谊"还是决定保持沉默。

老师见伦琴仍低头不语，便冷冷地说："那你就等着吧！"说完转身就走了。

让伦琴和同学们想不到的是，没过几天，校方真的给了他一纸通知："勒令威廉·康拉德·伦琴从乌得勒支高中退学！"

拿着这张通知，伦琴感到非常难过，也非常愤怒。这个消息很快传到伦琴的父母那里，他们感到极为震惊和忧虑。老伦琴作为一名骄傲的德国人，几乎不能原谅儿子做出的这种让他丢尽颜面的事情，这让伦琴更加难受了，他痛苦地说："我甚至连父亲'只要能念完高中'这个小小的心愿都完成不了了。"好在母亲对儿子的担心多于抱怨，她给儿子寄来了一封信，鼓励他不要气馁，并随即让父亲来接他回德国。

"爸爸，难道我非得当商人不可吗?"伦琴并不愿意接受父亲的安排。

"你不是已经离开学校了吗? 总得要谋生呀!"父亲吃惊地说。

"我还想再念点儿书,爸爸。有个老师表示可以帮助我,让我参加毕业考试,我还有希望拿到高中毕业证书。"

"孩子,能拿到证书当然最好,不过这可不容易啊。"父亲说。

"相信我吧。"

后来,伦琴来到了另一个城市阿培尔顿的工业学校,并准备参加明年高中的毕业考试。

伦琴在阿培尔顿学习很用功,就连他不喜欢的希腊语也努力地去学,因为这是获得乌得勒支高中毕业证书必考的重要课程。由于阿培尔顿工业学校只教授学生一些实用性、操作性很强的技术,而不教理论知识,无法满足伦琴强烈的求知欲,所以,伦琴在那里生活的几个月并不快乐。他向往着大学生活,像柏林大学、慕尼黑大学、莱比锡大学……渴望有朝一日能踏进德国这些著名大学的校门。可是他知道,如果拿不到高中毕业证书,想进入这些大学,那连门儿都没有。

为了这个目标,伦琴继续加倍努力地学习着。然而,由于以他原来的希腊语老师为首的一些固执的老师们的极力反对,伦琴尽管在乌得勒支高中的毕业考试中考得还不错,但他最终还是没能拿到高中毕业证书。这对刚刚年满20岁的伦琴的打击太大了! 他陷入深深的痛苦之中。伦琴一时不知道自己今后的路该怎么走。

俗话说,天无绝人之路。一天,他的好朋友卡莱鲁特意从乌得勒支跑到阿培尔顿来,他给伦琴带来了一丝曙光。

"你想不想上大学啊?"卡莱鲁急切地问道。

"当然想了。可我没有高中毕业证书,哪个大学会要我呢?"伦琴伤心地说。

"听我说,没有高中毕业证在荷兰、德国是上不了大学的,可是你有没有想过,去别的国家上大学呢? 比如说我的故乡瑞士?"因为卡莱鲁是瑞士人。

听了卡莱鲁的话,伦琴顿时睁大了眼睛,惊奇地问:"什么? 他们可以不要求高中毕业证书吗?"

"我听说新成立的苏黎世工业大学,就允许那些没有毕业证书的人入学。"

"这是真的吗? 太好了!"伦琴兴奋地一把抱住了好朋友卡莱鲁。

"我这次来就是专门告诉你这件事的。我很快就要回国,如果你愿意去的话,我会把详细情况了解清楚,然后尽快告诉你。"

1865 年秋,伦琴考入苏黎世工业大学学习工学。这是一所新兴的大学,对那些凡能通过极为严格的入学考试的考生,即使没有正式文凭,也开明地予以录取。伦琴的父亲对儿子的远行略有些不快,但母亲却感到由衷地欣慰,她认为儿子的前途将再次呈现出光明。

伦琴坐在开往瑞士的火车上,心情无比畅快,他注视着车窗外的秀丽景色,设想着自己一定要成为一名出色的机械工程师,以酬夙愿。

苏黎世坐落在细长月牙形的苏黎世湖的北边,以其风光旖旎而举世闻名。刚刚创办的瑞士联邦国立苏黎世工业大学,建在一座青翠的小山旁边,不仅可以俯瞰全城,而且明镜似的苏黎世湖就卧在其脚下。学校的建筑庄严而雄伟,其中工学部、昆虫博物馆、物理学部、考古学部等建筑物尤为引人注目。苏黎世工业大学是这座城市的荣誉和自豪。

伦琴漫步在校园整洁的大道上,感到空气格外清新,甚至连天空也显得格外高远湛蓝,他赞叹道:"这真是一个令人心旷神怡的地方!"的确,这儿的生活和学习条件与在阿培尔顿的日子相比,简直有着天壤之别。

还有一件事让伦琴感到高兴,那就是他的老朋友卡莱鲁也来到苏黎世,和他同在这所大学里读书。他们从少年时代就很要好,现在又可以像从前那样,结伴去登山、骑马、看戏和划船了。当然,伦琴始终没有忘记自己的志向,他在尽情享受苏黎世美好幸福的大学生活的同时,也在努力地钻研着自己的课程,饱览大学里珍藏的书籍。

19 世纪后半叶,正是西方资本主义国家向工业时代迈进的最后时期,科学技术日新月异,许多重大的发明和发现给人们的生活带来了深远的影响,比如电灯、电报、电话等都出现于这一时期。在苏黎世工业大学学习期间,伦琴十分关注同时代科学技术上的伟大发现和发明,尤其是瑞典的阿尔富德、伯哈德、诺贝尔发明了威力很大的炸药,德国的西门子公司研制出了新型发电机等,都激荡着年轻学子们的心。伦琴经常和同学们进行讨论,并激动地对同学们说:"电气时代就要到来了。想想吧,我们出生的时候,'突突突'冒着烟来回跑的蒸汽机火车刚刚诞生,而现在不过短短的20年,电动机车就又要问世了,这是多么伟大而神奇的工业时代啊!我也想去搞发明,做一个像爱迪生那样的大发明家。"伦琴的父母也频繁地写信嘱咐儿子要好好学习,争取早日拿到一张机械工程师的证书。

在苏黎世工业大学学习期间,对伦琴的一生产生重要影响的是一位年轻的物理学教授——孔脱,他不仅教会了伦琴很多知识,培养了伦琴严谨治学的品格,而且在伦琴选择前途的关键时刻给予了他恰当的建议。

孔脱老师仅比伦琴年长六岁,但在物理界已经小有名气。他对学生们的要求非常严格,无论是听课还是做实验,都不允许学生们有一丝一毫的马虎。伦琴对这位年轻、有朝气、有才华的物理老师非常钦佩。

1869年初夏,伦琴快毕业了,他在考虑自己的前途时,也想听取一下孔脱老师的意见。一天清晨,他来到孔脱老师的研究室门前,敲了敲门。

"进来。是伦琴啊,你有什么事吗?"孔脱老师热情地招呼着。伦琴进了房间,看见到处都是书籍和实验器械。

"来,坐下。"孔脱老师说。

"我……"伦琴面对着一贯严肃、认真的教授,一时竟不知该如何开口。

孔脱老师看到他这副样子,不禁笑了,就主动问道:"伦琴同学,你马上就要毕业了,今后打算研究什么专业呀?"

"老师,我就是为这事来找您的,我想听听您的意见。"

"噢,伦琴,你愿意和我一起研究物理学吗?"孔脱老师问道。

孔脱老师之所以这样说,是因为他发现这个学生不仅做每件事都很小心谨慎,尤其难能可贵的是在他身上有一种不屈不挠的精神。再就是他的手很巧,这很适合做实验工作。他们师生间彼此都有好感。

听了老师的话,伦琴惊讶地抬起头,说:"老师,您知道,我的专业是工学,对物理学方面我没有什么基础。"

孔脱老师沉默了一下,问道:"伦琴,告诉我,你有向物理学进攻的理想吗?"

"老师,我对物理学很感兴趣,可我能行吗?"

"没关系,你可以做我的助手,很快就能学会的。"孔脱老师笑着说。

"谢谢您! 老师,我就学物理学吧!"伦琴兴奋地说。

1869 年 6 月 22 日,伦琴从苏黎世工业大学毕业了,他获得了一个哲学博士的学位和一个机械制造工程师证书,这让远在家乡的父母感到非常自豪。

接下来,他就作为孔脱教授的助手开始了物理学研究,一做就是十几年,伦琴从孔脱教授那里学到了许多宝贵的知识。

或许他们师生二人谁也没有想到,他们在宁静而幽美的苏黎世湖畔,一个像往常一样静谧的夏日清晨的谈话,竟然成就了 35 年后的伦琴,在物理学界取得了辉煌的成就——发现了震惊世界的 X 射线。

1901 年,伦琴因发现了"X 射线"而获第一届诺贝尔物理学奖,他也获得了前所未有的荣誉,人们为了纪念伦琴,特意将 X 射线命名为伦琴射线。

1896 年 1 月 23 日,德国皇帝威廉一世召见了伦琴,并授予他皇家伦福奖金。伦琴在领奖时的发言中说道:"我今日的这份荣誉应归功于在天的孔脱教授。当年是他始终鼓励我,即使我错了,他也教我不要泄气……朋友们,研究学问犹如在黑暗中摸索,多么需要温暖、友谊和帮助啊!"

凯库勒和李比希

　　1864 年冬天的一个晚上，一辆四轮马车在城市的街道上疾驰。一位科学家正坐在车厢里昏昏欲睡。他已经连续一个星期工作到深夜了，每次都是在凌晨一两点钟才离开实验室乘车回家。连日来，他一直在研究苯的分子结构究竟是什么样的，可是却始终一无所获。

　　就在半梦半醒之间，这位科学家突然感觉到碳原子和氢原子在眼前飞动，变幻着各种各样的花样。忽然，他看到碳链似乎活了起来，变成了一条蛇，这条蛇扭动着、摇摆着，在他眼前不断翻腾，突然又咬住了自己的尾巴，形成了一个环……

　　"先生，您到家了！"马车夫摇了摇睡梦中的科学家。他慢慢睁开了眼睛，蛇不见了，碳环不见了，原子也不见了，原来这是一个梦！科学家清醒过来之后，立即跳下马车，奔向书房，迫不及待地抓起笔在纸上画了起来，不一会儿，一个首尾相接的环状分子结构出现了。

　　后来，这位科学家经过进一步论证，终于第一个提出了苯的环状结构式，解决了有机化学上一个长期悬而未决的难题。他——就是德国著名化学家凯库勒。他所提出的苯分子环状结构今天也被称为"凯库勒式"。凯库勒的创造性贡献，奠定了他在有机化学结构发展史上的显赫地位，使得人类对有机化学结构的认识产生了一大飞跃。

　　凯库勒是近代化学史上一位著名的有机化学家，1829 年 9 月 7 日，出生在德国的达姆斯塔德，这是一个以文化底蕴深厚而著称的小城。也许是受到小城浓郁的文化气息的熏陶，在学校时小凯库勒就文才出众。有一次，老师在语文课上布置了一道作文题，要求学生们在下课前交卷。全班同学都埋头紧张地在作文纸上写着，只有小凯库勒却像无事人一样，若无其事地坐着，甚至还抬起头悠闲地看着天花板。老师见小凯库勒这副样子,忍不住用责备的眼光暗示他赶紧动笔。可让老师没想到的是,快下课时,小凯库勒居然拿着手里的白纸大声"朗读"了起来。这篇文采飞扬的即兴之作让老师愣住了,随即教室里响起了一阵热烈的掌声。

到了中学时代,凯库勒的才华展露得更加充分,他不仅能够流利地讲法语、拉丁语、意大利语和英语,而且还非常喜欢钻研问题,几乎对一切科学现象都感兴趣,他提出的许多观点新颖而深刻,有时连老师们也感到吃惊。同学们都喜欢和他一起讨论问题,因为总能从他那里得到启发。

不仅如此,凯库勒在建筑方面也表现出了惊人的天赋。有一位建筑师是他们家的世交,他经常教凯库勒制图和绘画,看到眼前这个十几岁的孩子有着惊人的接受能力和悟性,他大为惊奇,甚至预言凯库勒将来一定会成为一名优秀的建筑师。当时,在达姆斯塔德市有三幢新建的房子,大概谁也不会想到,它们就是由凯库勒这个中学生设计出来的。

虽然凯库勒喜欢自然科学,文学也好,但他的父亲还是为他选择了一个似乎更切合实际的方向——学建筑。因为在他父亲眼里,建筑师既体面又能赚钱,应该是儿子的理想出路。然而不幸的是,在他中学毕业以前,父亲就去世了,家庭顿时陷于困境,他只好一边工作一边读书。

1847年,18岁的凯库勒以优异成绩考入了当时德国最为著名的吉森大学。这所大学不仅校园环境优美、学风淳朴,更为值得骄傲的是,这里还拥有一批知名度极高的教授。而且,学校允许学生可以不受专业限制,选择他们喜爱的教授。

凯库勒进入吉森大学的建筑专业学习,他比其他同学的学习速度要快得多,在很短时间内就修完了几何学、数学、制图和绘画等十几门专业必修课。而且他口齿伶俐,谈吐风趣,具有非凡的演说才能,又善于很策略地提出重要建议,所以他入学不久就成了学校的活跃人物,老师和同学们都很喜欢他。

就在凯库勒准备朝着自己的建筑师目标扬帆起航时,一桩偶然的事情却改变了他的人生道路。原来,是赫尔利茨伯爵夫人的"戒指失窃"

案。当时,法院开庭审理这桩轰动一时的案子,凯库勒和吉森大学的化学教授李比希同时被传到法庭作证。凯库勒作为证人出庭,是因为他住在伯爵夫人邸宅的对面。他在法庭上描述了伯爵夫人家发生火灾时的情景,而恰好在那天,伯爵夫人价值连城的宝石戒指失窃了。后来,在她的仆人那儿搜到一枚相同的戒指,可那个仆人却一口咬定这枚戒指早在1805年就成了他的祖传宝贝。李比希教授到庭作证,是因为法庭请他对戒指的金属成分进行测定。在法庭上,李比希教授手里拿着的那枚宝石戒指看上去精美绝伦,那上面镶着两条缠在一起的金属蛇,一条是赤金的,另一条是白金的。作为化学界权威,李比希教授首先当众测定了金属的成分,然后缓缓地站起身,用一种平和而坚定的语气说道:"经过测定,我敢肯定,白色的是金属铂,即所谓'白金'制成的,而白金是从1819年起才用于首饰业中的。"李比希教授清晰严谨的逻辑分析,确凿无误的实验结论,最终使罪犯供认了盗窃戒指的事实。可以说,这个案子的真正判决者是李比希教授。

李比希教授的渊博学识给同在法庭上的凯库勒留下了深刻的印象,他不由得对这位知名教授产生了由衷的敬佩之情。其实,凯库勒对李比希教授的大名并不陌生。在吉森大学,这位教授的化学课很受同学们的欢迎,他们也多次劝说凯库勒去听听。但凯库勒觉得自己对化学毫无兴趣,不愿意将宝贵时间花费在自己不喜欢做的事情上。所以,他对李比希教授的了解并不多,不过是些道听途说而已。自从那次法庭上的偶然接触,凯库勒突然对李比希教授产生了兴趣,他决定去听听教授的化学课。一天,他早早就来到教室,不一会儿,就见李比希教授迈着轻松的步子走上讲台,他那和善的笑容,诙谐的语言,广博的知识很快就把凯库勒带入了一个全新的世界。在李比希教授的讲解中,往往被人们看做枯燥的化学课竟然像梦境一般美妙,凯库勒深深地被吸引住了。从此之后,他就经常去听李比希教授的化学课,并慢慢地对化学研究着了迷,于是他立志转学化学。可是,他的举动遭到了家人的坚决反对,一度被迫转入达姆斯塔德市的高等工艺学校求学。但他仍然坚信,自己未来的前途是从事化学,别无他路。在他进入工艺学校不久,就和因发明磷火柴而闻名的化学教师弗里德里希·莫登豪尔接近起来。在这位老师的指导下,凯库勒进行分析化学实验,并熟练地掌握了许多种分析方法。

后来,他的家人知道了这些情况,明白凯库勒是不会放弃化学的,只好同意他继续回到吉森大学学习。或许人们会慨叹建筑业自此失去了一位卓越的设计家,但殊不知,若干年后人们会惊喜地看到,在有机化学这片原始森林中却矗立起一座精美绝伦的大厦!

1849年的秋天,对于凯库勒来说,是一个既充满着诱惑,也洋溢着丰收喜悦的秋天! 他经过艰辛努力,终于以优异成绩跨进了梦寐以求的李比希教授的化学实验室,跟随老师投身化学研究。

有一次下课以后,凯库勒正在收拾桌椅,忽然一个人走进来。

凯库勒抬头一看,原来是李比希教授来了,他连忙起身迎接。

李比希说:"我看你的设备过于简陋了,您要考虑换个地方,凯库勒博士。"

他们一起到了实验室,李比希接着说:"我收到了你写的关于雷酸的论文,你是否已经结束了雷酸的研究工作?"

"还在继续研究呢,刚刚我还制造了雷酸的银盐。"

"哦? 可以让我看看吗?"

凯库勒转身从架子上取过来一个小玻璃瓶,里边装满着白色的结晶物质。

"不要动它!"李比希突然厉声地制止了他,"这是银盐吗?"

"是银盐。"凯库勒感到教授的行为很奇怪。

李比希踮着脚走了过来,轻轻地接过瓶子,小心地打开瓶塞,并迅速地往瓶子里倒入了浓盐酸。顿时,银盐在浓盐酸的作用下,转换成了其他的物质。

"您这是干什么呀! 教授? 你把我的银盐都销毁了!"凯库勒痛心地嚷了起来,"您知道吗? 这个实验花费了我多少心血和经费啊!"

"我想,你的生命更宝贵,凯库勒。你还活着,这就是万幸! 您怎么可以用这么大的剂量进行研究呢？如果这种盐爆炸的话，不要说您自己，就连整座楼房也会荡然无存的！要知道，正因为如此，才把这种酸称为雷酸！而雷酸银的爆炸力比雷酸更大。怎么能这样轻率呢！这简直是不可原谅的！"

由于激动，李比希深深地吸了一口气，继续说："在其他地方你还有装着这类东西的罐子吗？我感到仿佛有一个大火药库，就在我的脚底下。"

凯库勒摇了摇头，说："只有这一瓶了，已经被您给毁去了。"

"你千万要记住，干我们这个行当要特别小心。"李比希又叮嘱了一番，便告辞了。

虽然凯库勒制得的雷酸银被李比希教授毁掉了，但李比希教授也使凯库勒重新将研究方向转移到理论上来。这也使凯库勒的研究转入了取得重大成就的阶段。

在这一阶段，凯库勒过着清苦的生活。每天从早到晚，奔跑在教室与图书馆和宿舍之间。他的收获很大，掌握了不少新的实验事实和研究方法。他抓紧每一分钟时间，因为他深知，离1852年春天回国的日子越来越近了。功夫不负有心人，凯库勒通过积极、严谨的工作，终于完成了一篇研究硫酸氢戊酯的博士论文。这篇学术论文，得到了有关专家教授的很高评价。论文发表后，1852年6月，大学的学术委员会决定授予凯库勒以化学博士学位。从此，凯库勒全身心地投入到化学，特别是有机化学的研究中。由于他早年受到建筑师的训练，具有一定的形象思维能力，他善于运用模型方法，把化合物的性能与结构联系起来。终于，凯库勒在1864年的那个晚上提出了苯环结构的假说，在有机化学发展史上作出了卓越贡献。

凯库勒成名之后，仍然对他的恩师李比希教授心怀感激。凯库勒曾经多次说："如果没有李比希教授，就没有我今天的成绩，李比希教授的影响让我受益终生。"

爱迪生以母为师

有这样一个人，他16岁时发明了自动定时发报机；30岁时发明了留声机；32岁时发明了白炽灯，由此"点亮了世界"。包括发明电影在内，他一生总共完成了2000多项发明。

这个人是谁呢？他——就是被人们誉为"发明大王"的爱迪生。

爱迪生1847年2月11日出生在美国俄亥俄州一个叫米兰的小镇上。当时的米兰是美国有名的小麦集散地，俄亥俄州东北部的小麦要运往五大湖流域，这里是必经之地。而且，休伦湖的出口也在这里，航运和造船业都比较发达。因此，米兰这个小镇是个富庶繁华的地方。

爱迪生的父亲名叫塞缪尔·爱迪生，原先在加拿大的维恩那城经营着一家小旅馆。他的母亲名叫南希，是一位苏格兰裔的加拿大人，在维恩那城的一所学校当老师。由于南希为人善良，教书认真，深得当地人的好评，自然也引起了塞缪尔·爱迪生的关注和爱慕，后来他们终于结为连理。塞缪尔·爱迪生和南希在维恩那城幸福地生活了一段时间后，就乘着"草原马车"迁徙到了美国俄亥俄州的米兰，并最终在那里定居下来，塞缪尔·爱迪生开了一个工厂。

爱迪生小时候就显得与众不同，和一般孩子比起来，他的好奇心更强，经常会提出各种各样、千奇百怪的问题，而且喜欢打破砂锅问到底，无论什么事情都想亲自尝试一下。他家住的离运河不远，他经常和小伙伴们去运河边的储粮仓库去玩，每当别的孩子都在相互追逐打闹时，唯独他一个人静静地坐在码头上，看着来来往往的船只出神，心里想："这些船怎么能像鸭子一样在水上自由自在地游走呢？船上装的东西那么多，怎么不会把船压沉呢？"看到运河边停泊着的大船，他也突发奇想自己造一只，于是就从父亲的工厂和附近的造船厂捡来许多大小不一的木头块，仔细地搭建着，然后再对照一下河里的大船，如果不像就推倒重来，直到自己满意为止。有时他还跑到父亲的工厂去玩，见到各种工具，他就会缠着工人们问个不停："这个工具是做什么的？""它前面为什么是弯的呢？"有时甚至都把工人们都问烦了，他们常常感叹道："这孩子的小脑瓜里怎么装着这么多问题呀？"

还有一次，到了吃晚饭的时候，父母不见爱迪生回来，非常焦急，就四下寻找，直到很晚了才在场院旁的一个草棚子里找到他，只见他正趴在一堆草上一动不动。"阿尔，你这么晚了还不回家，在这里干什么？"母亲不解地问。"妈妈，我在学母鸡孵小鸡呀。"原来，他看见自家的母鸡会孵小鸡，就觉得很奇怪，于是也想自己试一试，便找来几个鸡蛋，想用自己的体温将它们孵化。看着儿子那认真的样子，母亲禁不住笑了："傻孩子，人怎么会孵出小鸡呢？""妈妈，为什么母鸡会孵，我却不会呢？"爱迪生还是不住地问着。

爱迪生的好奇心给他带来许多乐趣，但也带来过麻烦甚至是危险。还是在他四五岁的时候，有一天，他看见院子附近的一棵树上有个马蜂窝，很多马蜂嗡嗡嗡嗡地飞进飞出，不知在忙碌着什么。爱迪生感到很好奇，他认为窝里一定有什么东西在吸引着马蜂，就用木棍使劲地捅了几下……这下可招惹麻烦了，那些马蜂被激怒了，它们对爱迪生群起而攻之，爱迪生只得两手乱挥，拼命遮挡。好在这时有大人们过来了，他们看到这个情景也都吓坏了，连忙拉着爱迪生跑开，总算摆脱了蜂群的追赶。不过，这时爱迪生的脸上却被蜇出了好多大包，连眼睛也肿得只剩下两道缝儿。母亲看到儿子这副模样很心疼，她一把搂过儿子，轻轻地抚摸着他那被蜇肿的脸，安慰说："捅马蜂窝是很危险的事，你以后多看点书，要了解它们的习性才行。记住，以后再也不要干这样莽撞的事了。"

在爱迪生7岁那年，他的家乡沿伊利湖南岸修建的铁路通车了，沿袭多年的马车时代即将过去，取而代之的是铁路与轮船时代，米兰这个昔日繁华的集散中心也日渐萧条下来。爱迪生的父亲带着全家又迁到密歇根州的休伦港。但爱迪生来到这里后因水土不服患了猩红热，而且病得还不轻。母亲十分焦急，她日夜守护在儿子身旁，生怕再有什么闪失，因为在这之前母亲已经有三个孩子因病夭折了，她真不敢再看到小儿子也离她而去。好在苍天护佑，爱迪生总算捡回了一条命。

　　在他8岁那年，父母将他送到学校里去读书，那所学校只有一个班级，恩格尔既是老师又是校长。在这里学习期间，爱迪生丝毫也提不起兴趣，因为老师讲课枯燥乏味，而且还经常体罚学生。爱迪生天性好奇，在课堂上总是提问题，比如：有一次上数学课，老师讲到二加二等于四时，爱迪生就站起来问道："为什么不等于别的数，一定是四呢？"还有一次上语文课，老师教同学们认识"风"这个单词，爱迪生又发问了："风是怎么产生的呢？""为什么风吹起来有时大有时小呢？"老师只好停下来给他解释，可是过了一会儿他又问了："我们为什么看不见风呢？"爱迪生没完没了的问题，让老师很不耐烦了，他甚至觉得这是一个愚蠢的孩子，经常骂他是"低能儿""笨蛋"。

　　一天上午，爱迪生的母亲正在家里忙碌，就见儿子哭着跑回家来，原来他是被老师从教室里赶出来的。母亲看到儿子伤心的样子也很心疼，就带着他去学校问个究竟。恩格尔先生说："太太，我看这个孩子的脑子有问题，他上课总是问些不可理喻的问题，你还是把他领回家去吧，留在这里还会影响其他学生。"爱迪生的母亲也是教师出身，她听了这话很生气，于是反驳说："你说的不对！对于一个年幼的孩子来说，对任何问题感到好奇是他们的天性。如果我的阿尔没有犯什么过错，你是不应该用那样的言语和行为对待他的。我的阿尔很聪明，只要教育方法得当，他一定会学得很好的。既然你不愿意让他在这里学习，我可以教他，我们再也不会来你这里了!"说完,母亲就带着爱迪生离开了恩格尔的办公室。跟在身后的爱迪生对母亲刚才的一番话很感激,他暗下决心,一定要好好学习,为母亲争气。

从此以后,爱迪生就再也没有进过学校接受正规教育了,母亲成了他的家庭教师。母亲对爱迪生的教育抓住了几个关键环节:一是针对儿子天真、好奇、好动的天性,想出各种办法调动他的学习积极性。母亲告诉他,学习不能光死记硬背,还要学会理解和思考。只要是他能看得懂的书,母亲都要拿给他看;二是不仅教给他知识,还教给他学习方法,尤其是十分注重让爱迪生在实践中学习和领会知识,学以致用。比如,在讲到关于伽利略著名的比萨斜塔实验时,母亲就鼓励儿子亲自到自家附近的高塔上试一试。爱迪生找来两个大小和轻重都不同的球,站在高塔上,同时向下抛去,果然它们同时笔直地向下坠落,同时着地了。爱迪生兴奋地跑回家,向母亲报告自己的验证结果。由此,伽利略敢于用实践检验真理的大无畏精神也深刻地烙在了爱迪生的脑海中;三是培养他树立克服困难的勇气。母亲知道,虽然儿子天资聪颖,但今后的人生道路还长,无论是做人还是做学问,都要不惧困难才行。所以她平时很注意儿子品行的培养。后来,爱迪生无论是谋生还是搞实验,的确遇到过不少困难,但他始终牢记母亲的教导,勇敢地战胜了;四是有的放矢,因材施教。母亲发现爱迪生对自然科学有着浓厚的兴趣,就顺应他的爱好,努力为他创造学习条件,包括鼓励他阅读相关的专业书籍。爱迪生10岁时就对化学产生了浓厚的兴趣,为了搞实验,他从杂货铺里找来不少人家不要的空瓶子,放在自家地窖里,按照教科书的介绍,自己做化学实验。当然,有时实验也会出些小事故。尽管父母也很担心,但他们还是为儿子的勤奋努力而自豪,尤其是母亲,告诫儿子要养成细心、严谨的态度,无论是物品摆放还是实验程序,都不能有丝毫马虎。爱迪生成名以后曾回忆说:"母亲教给我最重要的是两个字'认真',这让我终身受益。"

爱迪生的母亲不愧是个优秀的家庭教师，她把家庭教育搞得生动活泼、有声有色，为儿子的成才付出了极大心血。当人们在明亮的电灯下怀念它的发明者爱迪生的时候，一定不要忘记他那伟大的母亲——南希。

居里夫人和恩师

一天，波兰的一位退休的女教师欧班太太收到了一封由华沙邮局派专人送来的挂号信，信封上的署名是"玛丽·居里"。

玛丽·居里？难道是因为发现钋和镭这两种元素而闻名天下的居里夫人？欧班老师简直不敢相信自己的眼睛，她以为是邮局弄错了，想不到一位享誉世界的伟大科学家竟会给自己写信！直到邮局的工作人员再三告诉她收信人没有写错时，她才用颤抖的双手拆开了信封……欧班老师读完信，泪水已经涌出了眼眶。原来，玛丽居里就是几十年前自己教过的那个门门功课都考第一的小姑娘玛丽亚！

玛丽·居里在信中向老师深表敬意，她告诉老师，自己一直在法国从事科学研究，并且诚恳地邀请老师到巴黎去做客，还寄来了全部往返路费。

写信人就是大名鼎鼎的居里夫人。由于她发现了钋和镭这两种元素，曾两次获得诺贝尔奖。她在取得辉煌成就和受到别人尊重时，不由地想到了自己学生时代的老师——欧班，正是这位老师使她爱上了科学。

终于，久别的师生在法国见面了！这一天，居里夫人在自己家里热情地接待了学生时代的老师。她系上围裙，亲自下厨房做菜，吃完饭之后还和老师坐在一起,亲切谈心。

望着两鬓斑白的老师,居里夫人激动地说:"老师,谢谢您当年给了我智慧和战胜困难的勇气,如果没有您的鼓励,我是不会有今天的。"

听着这话,欧班老师几乎要落泪了。看着昔日的学生,如今的世界著名科学家,她不知道说什么好,只是慈祥地笑着,忘掉了一切拘束,也忘掉了和自己靠得如此近的是一位诺贝尔奖的获得者。

1867年11月7日,波兰首都华沙的一户人家里传出一阵婴儿的啼哭声,中学物理教师乌拉狄斯拉夫斯迎来了自己第四个女儿的降生。看着这个可爱的女婴,他为孩子取名叫"玛丽"。玛丽是家里5个子女中最小的一个,她上面还有三个姐姐和一个哥哥。这5个孩子年纪相差都不大,大姐素希雅也只比小玛丽大5岁。

乌拉狄斯拉夫斯在当地是个小有名气的人,他不仅会说好几种语言,而且文学造诣也很深,尤其是诗歌方面。他的妻子叫布洛尼斯洛娃,曾任一所女子寄宿学校的校长。

玛丽小的时候就很聪明,由于父母忙于工作,她就经常跟着姐姐们一起玩。她们用纸板剪出的字母随意排列成单词。渐渐地,小玛丽认识的单词越来越多。有时候她拼错了,姐姐就会学着老师的样子,一本正经地批评说:"玛丽,你弄错了,这个字母应该和这个拼在一起……"每当这时,小玛丽总是虚心地点点头,然后赶快把纸板换过来。

一个周末,父母将孩子们招呼到一起,想考察一下他们的学习情况。母亲首先让二姐布罗妮雅读一段文章,虽然这段文章并不长,文字也比较简单,但布罗妮雅还是读得磕磕巴巴,她显得有点儿难为情。这时,站在一旁的小玛丽从姐姐手里拿过书,大声地读了起来……她的这一举动惊呆了父母和哥哥姐姐们,大家一时都静下来,四周没有一声响动。这时小玛丽正读在兴头上，所以没有发现他们的惊讶神情。等她读完以后，才发现一家人都在看着她。"好孩子，你什么时候认了这么多字？"母亲欣喜地问。"我是跟姐姐一起玩纸板游戏时学的。"小玛丽仰着脸回答说。

小玛丽的童年是不幸的，还在她很小的时候，母亲就得了严重的传染病，是大姐照顾她长大的。后来，母亲和大姐在她还不满10岁的时候，就相继病逝了，她的生活中充满了艰辛。

当时，小玛丽的祖国波兰是一个千疮百孔、支离破碎的国家，正被俄国沙皇亚历山大二世统治着。在压迫中降生，在铁蹄下长大的小玛丽，想不明白为什么波兰的孩子不准学波兰话？不准看波兰书？要在沙俄监察员的监视下学习？有一次，在放学回家的路上，玛丽问她的小伙伴："沙皇占领我们波兰干什么？他们的国土那么大，难道还不够富有吗？"

欧班老师最了解孩子们的心，当沙俄监察员不在的时候，她就小声向孩子们讲授着波兰民族反抗侵略者的历史，秘密传授着波兰的文化和语言，培养孩子们热爱祖国的感情。小玛丽回到家里，父亲和哥哥也悄悄地对她讲"有压迫就会产生反抗""知识就是力量"的道理。在老师和父兄的引导下，小玛丽追求知识和提高学习成绩的愿望越来越强烈。在她心里，深深地埋下了对祖国热爱，对侵略者憎恨的感情。她暗暗下决心，一定要为祖国解放而努力学习。

小玛丽学习起来非常专心，无论周围怎么吵闹，都分散不了她的注意力。有一次，她正在做功课，家里来了姐姐的一些同学，她们唱歌、跳舞、做游戏，阵阵欢笑声不时传进玛丽的耳朵，但她就像什么都没发生一样，始终坐在桌子旁专心致志地看书写字。姐姐的同学看到小玛丽这样专注，就想试探她一下，她们悄悄地在玛丽身后叠起几张凳子，只要她一动弹，身后的凳子就会倒下来。结果时间一分一秒地过去了，小玛丽读完了一本书，但凳子仍然纹丝不动地竖在那儿。"哇！这小姑娘太厉害了！"姐姐的同学们佩服极了，她们顿时放低了欢笑声，再也不打扰她学习了。

小玛丽很喜欢去父亲的书房，那里有好几个隔层的玻璃匣，里面装满了奇异而有趣的东西——几支玻璃管、小天平、矿物标本，甚至还有一个金箔验电器。父亲以前在讲课的时候，常把这些东西带到课堂去，但是自从学校遵照政府的命令，减少了教科学的课时之后，这个匣子就一直关着了。

有一次，小玛丽又偷偷溜到书房里，她踮起脚尖站着，好奇地看着玻璃匣里的东西。父亲发现后，就跟了进来。

"玛丽，你来这里做什么？怎么不到院子里跟姐姐们玩呢？"父亲问。

"我喜欢这里。爸爸，这桌子上的是什么呀？"小玛丽指着一架显微镜好奇地问。

"噢，这是显微镜，透过它我们可以看清许多细小的东西，还可以看到我们人的肉眼看不到的东西。玻璃匣里的都是物理仪器，等你长大了就会知道了。"父亲耐心地说。

"物理仪器，真古怪的名字，简直是太奇妙了！"小玛丽惊讶地睁大了眼睛。

小玛丽带着对"物理仪器"的兴趣，回学校找到欧班老师，向她讲述了自己在父亲书房里看到的那些奇异而有趣的东西。欧班老师轻轻地抚摸着她的头，说："你天资聪颖，很适合搞自然科学。记住，我们的国家现在灾难深重，它的解放和今后的强大，离不开知识和科学的力量。好好努力吧，孩子。"小玛丽望着慈母般的老师，信心十足地点了点头。

正是在欧班老师的鼓励下，小玛丽学习更加刻苦，顺利地从小学升入中学,并在中学的毕业典礼上,从校长手里接过了灿烂夺目的金质奖章。

中学毕业后,玛丽希望进入大学深造,但是当时的家境不允许她去读大学。19岁那年,她开始做长期的家庭教师,同时还自修了各门功课,为将来的学业作准备。这样,直到24岁时,她终于来到巴黎大学理学院学习。她带着强烈的求知欲望,全神贯注地听每一堂课,艰苦的学习使她身体变得越来越不好,但是她的学习成绩却一直名列前茅。

在玛丽的一生中,她始终与科学研究有着不解之缘。经过长年累月的不懈研究和刻苦工作,玛丽·居里分别于1903年和1911年两度荣获诺贝尔奖。她的发现,为人类打开了进入原子时代的大门。而她成名之后不忘老师的尊师精神也被后人广为称颂。